Kleine Heidelberger Stadtgeschichte

Oliver Fink

Kleine Heidelberger Stadtgeschichte

Verlag Friedrich Pustet
Regensburg

Umschlagmotiv: Heidelberg, Alte Brücke und Schloss.
Kolorierte Lithografie von Bichebois.
(Heidelberg, Kurpfälzisches Museum)

Für Uta

Bibliografische Information der Deutschen Bibliothek

Die Deutsche Bibliothek verzeichnet diese Publikation in der Deutschen Nationalbibliografie; detaillierte bibliografische Angaben sind im Internet über http://dnb.ddb.de abrufbar.

ISBN 3-7917-1971-8

Umschlaggestaltung: Kulturdesign Anna Braungart, Tübingen
Gesamtherstellung: Friedrich Pustet, Regensburg

Inhalt

Vorwort

„Memories from Heidelberg sind Memories vom Glück.“ Peggy March, deutsch-amerikanische Schlagersängerin, war nicht die Erste, die mit der Stadt am Neckar etwas Besonderes verband. Seit den Anfängen im 12. und 13. Jahrhundert hat Heidelberg Menschen von überall her angezogen. Manche blieben ein Leben lang, andere nur für die Dauer eines Reiseaufenthalts oder eines Studiums. In zahllosen Liedern und Gedichten wurde die Stadt schon gepriesen. Zugleich stand und steht dieser Ort immer wieder im Brennpunkt unterschiedlicher Interessen – ob als politisches Zentrum der Kurpfalz mit europäischen Dimensionen oder als Stadt der Romantik, ob als Sitz Deutschlands ältester Universität oder als Touristenmagnet. Von ihren keltischen und römischen Ursprüngen noch vor der eigentlichen Stadtgründung an ist die Entwicklung Heidelbergs bis heute geprägt durch Höhen und Tiefen, durch Katastrophen und Glücksmomente.

Von alledem erzählt die *Kleine Heidelberger Stadtgeschichte* mit Blick auf das Wesentliche. Das Buch versteht sich als hoffentlich kurzweilige Einführung für den Heidelberg-Neuling. Dem erfahrenen Heidelberg-Liebhaber und -Kenner soll hiermit eine kompakte Darstellung an die Hand gegeben werden, mit der er oder sie die eine oder andere historische Episode schnell wieder vergegenwärtigen kann. Der Umfang verrät es aber schon: Manches kann nur angedeutet werden, anderes muss leider unerwähnt bleiben – der Mut zur Lücke zählt. Wer nach der Lektüre noch mehr wissen möchte über die erstaunliche Biographie Heidelbergs, der sei auf die umfangreiche und weit verzweigte Literatur zu diesem Thema verwiesen. Ohne sie wäre auch diese kleine Stadtgeschichte nicht denkbar – eine große Stadtgeschichte steht übrigens immer noch aus.

Heidelberg, im Frühjahr 2005 Oliver Fink

Kelten, Römer und Germanen: Heidelberg vor seiner Gründung

Es gibt Städte mit einem mehr oder weniger exakt datierbaren Gründungsakt und es gibt solche, deren Entstehung durch Legenden und Mythen geradezu literarisch verbrämt worden ist. Im Falle Heidelbergs ist weder das eine noch das andere bekannt – die Anfänge dieser Stadt liegen im Dunkeln. Eher beiläufig wird ein „Heidelberch" in einer im Herbst 1196 abgefassten Urkunde des benachbarten Zisterzienserklosters Schönau zum ersten Mal erwähnt. Zu diesem Zeitpunkt war der Ort aber wahrscheinlich längst über seine Gründungsphase hinausgewachsen.

Unter Heidelberg verstand man damals eine hochgelagerte Burg, zu deren Füßen ein gleichnamiger Weiler im Bereich der heutigen Altstadt lag, der sich vor allem entlang der Klingenteichstraße erstreckte. Im Hof der Neuen Universität (Grabengasse 3–5) haben Archäologen Überreste dieses ältesten Siedlungskerns aus dem 12. Jahrhundert ans Tageslicht befördert – eine durchaus stattliche Anlage mit mehreren, wohl zum Teil turmartigen Gebäuden. Noch früheren Datums sind dagegen die im Umland der Stadt gelegenen und später eingemeindeten Dörfer wie beispielsweise Handschuhsheim, Wieblingen oder Neuenheim. Ihre Existenz lässt sich teilweise bis ins 6. Jahrhundert zurückverfolgen. Doch auch damit ist nicht der historische Ausgangspunkt erreicht. Denn viel älter nämlich als „Heidelberch" und seine umliegenden Ortschaften sind Siedlungsspuren, die insbesondere Römer und Kelten in dieser Gegend hinterlassen haben. Bei ihnen handelt es sich um die eigentliche Vor- und Frühgeschichte der Stadt am Neckar.

Ur-Bürger? Der Homo heidelbergensis

Nein, den Titel eines Ur-Bürgers kann man ihm schwerlich verleihen. Wenn schon, müsste man noch weiter ausholen. Denn der so genannte *Homo heidelbergensis* ist einer der ältesten Menschen Europas überhaupt. Als man 1907 seinen Unterkiefer in einer Sandgrube bei Mauer, einer Gemeinde südlich von Heidelberg, entdeckte, handelte es sich um den bis dahin ältesten Fund unter Europas Urmenschen-Belegen; erst in jüngerer Zeit hat man – etwa in Spanien – menschliche Überreste noch höheren Alters ausgemacht. Der bei Heidelberg aufgetauchte *Homo erectus*, so die korrekte Gattungsbezeichnung für den bereits aufrecht gehenden Urmenschen, lebte in den hiesigen Wäldern wohl als Jäger und kam vor rund 600 000 Jahren zu Tode. Wissenschaftlich beschrieben wurde er (beziehungsweise sein dentaler Überrest) gleich nach der Ausgrabung von Otto Schoetensack, Privatdozent an der Universität Heidelberg. Von ihm stammt auch der bis heute im menschlichen Stammbaum gebräuchliche Name *Homo heidelbergensis*. Der Grabungsgehilfe Daniel Hartmann übrigens, dem das Verdienst gebührt, den Unterkiefer entdeckt zu haben, war sich der Bedeutung dieses spektakulären Funds offenbar sogleich bewusst: „Heit haw ich de Adam g'funne“, soll er noch am gleichen Abend in geselliger Runde erzählt haben.

Auf dem Heiligenberg

Archäologische Funde belegen, dass spätestens in der jüngeren Steinzeit – also im 5. Jahrtausend v. Chr. – Menschen im Heidelberger Raum sesshaft wurden. Nicht mehr nur die Jagd oder das Sammeln von Früchten und Wurzeln dienten der Nahrungsbeschaffung, auch das Bestellen von Feldern und die Viehzucht standen nun auf dem Selbstversorgungsprogramm. Dörfliche Gemeinschaften bildeten sich, Häuser aus Holz, Stroh und Lehm wurden gebaut. Überreste solch jungsteinzeitlicher Zivilisationen wie beispielsweise die der Bandkeramiker oder der Rössener Kultur konnten hier gefunden werden. Auch die spätere Bronzezeit hat entsprechende Spuren hinterlassen. Doch erst mit den vor allem in West- und Mitteleuropa siedelnden Kelten tritt im Heidelberger Raum eine Volksgruppe in Erscheinung, über die detailliertere Kenntnisse vorliegen. Sie hatten bereits eine eigene Schrift entwickelt, ein Münzwesen aufgebaut und befestigte, stadtartige Zentralorte

Keltenkopf aus dem 5./4. Jahrhundert v. Chr.,
gefunden in Heidelberg-Bergheim

nach griechischem Vorbild errichtet. Eine solche Anlage mit einer Fläche von fast 60 Hektar hat wohl auch an exponierter Stelle auf dem Heiligenberg bestanden, der sich an jener Stelle erhebt, wo der damals noch reißende Neckar in die nördliche Oberrheinebene austritt.

Das heute nur noch schwer erkennbare Ringwallsystem, das die dort gelegene Keltensiedlung umfasst haben soll, zählt zu den größten seiner Art, die im südlichen Mitteleuropa bekannt sind. 2,5 Kilometer beträgt der Umfang des oberen Rings, der des unteren Rings immerhin 3,1 Kilometer. Innerhalb dieser Befestigung konnten durch Grabungen zahlreiche Wohnstellen und auch eine Quelle lokalisiert werden sowie eine mit Wagen befahrbare Straße. Zu datieren sind diese Funde auf die Mitte des 5. Jahrhunderts v. Chr. Lange hielt es die Kelten aber nicht auf dem Heiligenberg. Etwa 200 Jahre später wurde dieser Ort ohne Anzeichen von äußerer Gewalteinwirkung offenbar wieder aufgegeben – vor allem die Wasserversorgung dürfte ein Problem für die dortigen Bewohner gewesen sein. Manche Historiker vermuten, dass die Siedlung

Relief des reitenden Mithras um 200 n. Chr., entdeckt in einem Mithräum am Fuße des Heiligenbergs

nun in die Ebene verlagert wurde – möglicherweise an die Stelle des benachbarten Ladenburg, das keltischen Ursprungs ist. Konkrete Hinweise dafür gibt es jedoch keine. Prinzipiell lebten Kelten aber sowohl vor wie nach der Besiedlung des etwa 440 Meter über dem Meeresspiegel thronenden Hügels an vielen Stellen im Heidelberger Raum.

Einige Rätsel aufgegeben und die Phantasie beflügelt hat auf dem Heiligenberg auch ein Schacht, der dort etwa 50

Meter in die Tiefe reicht. Noch Mitte des 19. Jahrhunderts berichtete der französische Romancier Victor Hugo von einem nächtlichen Spaziergang, bei dem er auf diese Vertiefung stieß und plötzlich eine zunächst nicht identifizierbare, unheimliche Stimme ihm mehrmals den bis heute gebräuchlichen Namen „Heidenloch“ zuraunte. Spekuliert wurde schon, dass es sich dabei um einen Geheimgang zum gegenüberliegenden Schlossberg handeln könnte oder zu anderen Orten in der Umgebung. Vermutet wurde ebenso eine Nutzung als Zisterne, wofür sich der Schacht allerdings, wie man nachträglich herausgefunden hat, nicht sonderlich gut geeignet hätte. Wahrscheinlich handelt es sich vielmehr um einen Opferschacht noch aus keltischer Zeit, daher auch der etwas despektierlich klingende Name Heidenloch.

Ganz offensichtlich aber haben die seit Mitte des 1. Jahrhunderts n. Chr. im Heidelberger Raum siedelnden Römer den Heiligenberg zu einem zentralen Ort ihrer Götterverehrung gemacht. Auf dessen Gipfel errichteten sie einen Merkurtempel, daneben berichten mehrere Inschriften von weiteren Stiftungen und Weihungen, auch hier vor allem für den römischen Götterboten, dessen Begleitnamen Cimbrianus und Visucius Hinweise auf die Gleichsetzung mit einer germanischen beziehungsweise gallischen Gottheit liefern. Von religionsgeschichtlicher Bedeutung ist nicht zuletzt der zu römischen Zeiten in dieser Region stark verbreitete Mithras-Kult. In dessen Mittelpunkt stand die im Ritus nachempfundene Stiertötung durch den Gott Mithras – als Akt der Erlösung und Verheißung von Fruchtbarkeit gedeutet. Diese aus Persien kommende Mysterienreligion versprach somit im Gegensatz zum Glauben an die römischen Götter Unsterblichkeit – gewissermaßen in Konkurrenz zu dem noch jungen, nichtsdestotrotz zeitgleich expandierenden Christentum. Ein eindrucksvolles Sandsteinrelief (s. Abb. S. 12), das sich heute im Kurpfälzischen Museum der Stadt Heidelberg befindet, weicht vom üblichen Bildprogramm der Stiertötung ab: Es zeigt den reitenden Mithras als Herrscher über den Kosmos mit wehendem Mantel. Begleitet wird er dabei von Löwe und Schlange, Verkörperungen der Elemente Feuer und Erde. Gefunden hat man diese Darstellung in einem Mithräum, das im 19. Jahrhundert am Fuß des Heiligenbergs ausgegraben wurde. Dort hatten sich die Anhänger dieses Kultes getroffen. Ein reiner Männerbund übrigens – Frauen war der Zutritt strengstens verboten.

Erste Brücken über den Neckar

Mit den Römern tauchen erstmals Namen in Heidelbergs Vorgeschichte auf. Eine Inschrift nennt beispielsweise einen gewissen Valerius Paternus. Es handelt sich dabei um den Architekten einer rund 260 Meter langen Steinpfeilerbrücke über den Neckar (um 200 n. Chr.) – nicht der erste feste Flussübergang: Sie hatte eine ursprüngliche Holzkonstruktion an gleicher Stelle verdrängt. Seitdem sich das Interesse des römischen Kaisers Vespasian (69–79 n. Chr.) auf das rechte Oberrheingebiet gerichtet hatte, entstanden im Bereich der heutigen Stadtteile Neuenheim und Bergheim mehrere Militärlager – zunächst hölzerne Kastelle, um 90 n. Chr. auch eines aus Stein. Entsprechende Funde ließen auf eine teilberittene Einheit schließen. Der Stempel auf einem Ziegelstein brachte den Beleg, dass hier zeitweise die *cohors II Augusta Cyrenaica equitata* stationiert war. Ferner gibt die Weihinschrift eines Straßburger Legionärs namens Caius Verreius Clemens Auskunft darüber, dass in den dreißiger Jahren des 2. Jahrhunderts eine Spezialtruppe für den Schutz der Neckarbrücke zuständig war, was deren strategische Bedeutung zusätzlich unterstreicht.

Das römische Heidelberg, für das im Gegensatz zum Neckar (der Geschichtsschreiber Tacitus nennt den Fluss *nicer*) leider kein Name überliefert worden ist, entwickelte sich aufgrund des Flussübergangs, bei dem zwei Fernstraßen aus nördlicher und südlicher Richtung sich kreuzten, zu einem wichtigen Industriestandort. Die reichen Tonvorkommen im benachbarten Ziegelhausen ließen ein Töpfereizentrum entstehen, dessen Produkte auch ins Umland exportiert wurden. Mehr als 60 Werkstätten konnten bislang im Heidelberger

Modell der von den Römern erbauten Steinpfeilerbrücke über den Neckar, die anstelle eines hölzernen Vorgängerbaus platziert wurde

Raum nachgewiesen werden, neben einfacher Gebrauchskeramik wurde dort auch hochwertiges Tafelgeschirr hergestellt. Dass bei der Produktion nicht alles gelang und schließlich verkauft werden konnte, brachte eine Grabung 1994 ans Tageslicht: Im Stadtteil Neuenheim fand man beim Bau einer Tiefgarage einen etwa 14 Meter tiefen Brunnenschacht mit Ausschussware und Fehlbränden. Er hatte offenbar als Entsorgungsanlage gedient.

Verdrängt wurden die Römer wiederum durch die Alamannen. Seit dem frühen 3. Jahrhundert n. Chr. durchbrach diese germanische Volksgruppe den Limes, fiel in das römische Grenzland ein und siedelte schließlich im heutigen Südwestdeutschland. Nicht nur die Brücke über den Neckar wurde zerstört – für das römische Heidelberg kam generell das Aus. In den kommenden Jahrhunderten bestanden hier lediglich einige Weiler und Hofstellen, nur wenige Funde aus dieser Zeit sind überhaupt gemacht worden. Erst neue geopolitische Konstellationen sorgten in dieser für die Nachwelt vergleichsweise dunkel gebliebenen Völkerwanderungszeit wieder für deutlichere Konturen. Durch den Sieg des Merowingerkönigs Chlodwig im Jahr 506 über die Alamannen nämlich wurde das untere Neckarland Teil des Frankenreichs. Und damit einher ging eine Christianisierung dieser Region, gesteuert insbesondere von den Bischöfen in Worms.

Kloster Lorsch

Mit dem Christentum setzt eine noch breitere schriftliche Überlieferung ein. Die ersten Urkunden, die den Heidelberger Raum betreffen, stammen aus dem westlich der Bergstraße gelegenen Kloster Lorsch, das in kurzer Zeit einen rasanten ökonomischen und politischen Aufstieg erlebt hatte. Bereits wenige Jahre nach der Gründung um 760 gehörte es zu den reichsten Abteien östlich des Rheins mit Besitztümern von der Schweiz bis hin zur Nordsee. Im Jahr 772 wurde es dem fränkischen König und späteren römischen Kaiser Karl dem Großen übereignet. Lorsch erhielt schließlich den Status einer Reichsabtei und wurde 882 auch Grablege des ersten „deutschen" Königs – Ludwigs II. – und seiner Dynastie.

Zur Grundherrschaft des Benediktinerklosters gehörten schon sehr früh zahlreiche Siedlungen des unteren Neckarraums. Im so genannten Lorscher Kodex *(Codex Laureshamensis)*, einem Ende des 12. Jahrhunderts zusammengestellten Besitzverzeichnis, werden die späteren Stadtteile Handschuhsheim und Neuenheim (765), Rohrbach (766), Wieblingen (767) sowie Bergheim (769) zum ersten Mal erwähnt – sie bilden gewissermaßen die Urzellen des heutigen Heidelberg. Archäologische Funde zeigen freilich, dass die Gründungen dieser Dörfer zum Teil bis ins frühe 6. Jahrhundert zurückreichen.

Angesichts der umfangreichen Besitzungen geriet das Kloster Lorsch fast zwangsläufig in eine ausgesprochene Kon-

Überreste des Klosters St. Michael auf dem Heiligenberg

kurrenzsituation zum Bistum Worms, denn als Reichsabtei unterstand es nicht dem dortigen Bischof. Und die Benediktiner konnten punkten. Im Zuge der Besitzergreifung des Heidelberger Raums gelang es ihnen Ende des 9. Jahrhunderts, mitten im Jurisdiktionsgebiet der Wormser einen wichtigen Stützpunkt zu errichten: Der Abt Thiotroch gründete auf dem Heiligenberg um 870 ein Filialkloster, um seinen Einfluss auch in diesem Bereich zu sichern. Geweiht wurde die Kirche – man erbaute sie genau an der Stelle, an der zuvor der bereits erwähnte Merkurtempel stand – dem Erzengel Michael. Das ist insofern bemerkenswert, da Michael die Rolle eben jenes römischen Götterbotens als *psychopompos* („Seelentreiber") in christlicher Zeit übernommen hatte. Diese Aufgabe, die Verstorbenen ins Jenseits zu geleiten, hatte im Übrigen auch schon der germanische Gott Odin inne, der wiederum als Namensgeber des Odenwaldes, zu dem Heidelberg gehört, immer mal wieder ins Spiel gebracht wird.

Rund 200 Jahre später ließ Propst Arnold von St. Michael auf dem südlichen Vorberg des Heiligenbergs noch ein zweites Lorscher Filialkloster errichten – das etwas kleiner bemessene Stephanskloster. Und ebenfalls eine Lorscher Gründung ist das 1130 entstandene Stift Neuburg am Fuße des Heiligenbergs – vor den östlichen Toren der Stadt Heidelberg gelegen. Nach mehreren weltlichen Zwischenspielen – im 19. Jahrhundert war hier eine der ersten Goethe-Gedenkstätten zu besichtigen – befindet es sich seit 1926 wieder im Besitz des Benediktinerordens. Die beiden Klöster auf dem Heiligenberg dagegen wurden im 16. Jahrhundert verlassen – wohl bereits vor ihrer formellen Aufhebung im Zuge der in Heidelberg eingeführten Reformation. Von ihnen zeugen heute lediglich Ruinen: Aus den Steinen des Stephansklosters wurde 1885 ein Aussichtsturm im Stil der Burgenromantik errichtet, die besser erhaltenen Überreste des Michaelsklosters präsentieren sich inzwischen als fein herausgeputzte archäologische Gedenkstätte – in den 1980er-Jahren wurde sie zuletzt restauriert.

Der Heiligenberg, der seinen Namen erst im Spätmittelalter erhielt (als Verkürzung von Allerheiligenberg) und zuvor Aberinsberg geheißen hatte, spielte im weiteren Verlauf der

Heidelberger Stadtentwicklung schließlich keine allzu große Rolle mehr, sieht man einmal von dem (letztlich aber missglückten) Versuch in den 1930er-Jahren ab, den Berg durch den Bau einer so genannten Thingstätte zu einem Schauplatz nationalsozialistischer Festkultur zu machen. Die eigentlichen Weichenstellungen aber für Heidelbergs Eintritt in die mittelalterliche Geschichte fanden auf der gegenüberliegenden Seite des Neckars statt.

Pfalzgrafen, Kurfürsten, Professoren: Aufstieg zur Residenzstadt

Am Anfang war eine Burg am Nordhang des Königstuhls. Soviel steht fest. Und auch, dass zu ihren Füßen sich ein Burgweiler mit eigener Kirche befand: St. Peter – ein Vorgängerbau der heutigen Peterskirche. Cunrados, also Konrad, hieß einer ihrer „Leutpriester" Ende des 12. Jahrhunderts. Und es ist eine geradezu erheiternde Vorstellung, dass dieser Mann zeitlebens nicht die geringste Ahnung davon hatte, dass die Nachwelt ihm einst den ersten amtlichen Hinweis auf Heidelberg danken würde. Denn als *plebanus in heidelberch* taucht er unter den Zeugen in der im vorigen Kapitel bereits erwähnten Urkunde des Klosters Schönau aus dem Jahr 1196 auf – damit zwar nicht das Geburtsjahr dieser Stadt markierend, aber doch so etwas wie einen halb offiziellen Namenstag, der im kollektiven Gedächtnis Heidelbergs als urkundliche Ersterwähnung inzwischen fest verankert ist.

Bezeugt hatte Konrad seinerzeit eine Schenkung an das genannte Kloster durch den rheinischen Pfalzgrafen Heinrich den Älteren aus der Dynastie der Welfen. Hinter dessen Titel verbirgt sich ein im Mittelalter hochrangiges Königsamt mit vorwiegend administrativen und richterlichen Aufgaben. Damit verbunden war oft die Herrschaft über eine Königs- beziehungsweise Kaiserpfalz samt Gefolge und dazugehörigen Gütern. Sie entwickelten sich mitunter auch zu größeren Territorialgebilden, unter denen im damaligen Heiligen Römischen Reich deutscher Nation die Pfalzgrafschaft bei Rhein eine herausragende Stellung einnahm. Ein für die Geschichte Heidelbergs bedeutsames Ereignis in dem Zusammenhang war die Verleihung dieser Pfalzgrafenwürde 1156 an Konrad von Hohenstaufen durch seinen Halbbruder Kaiser Friedrich I., genannt „Barbarossa". Denn Konrad verlegte in der Folgezeit seinen Schwerpunkt vom Niederrhein in Richtung Süden zum

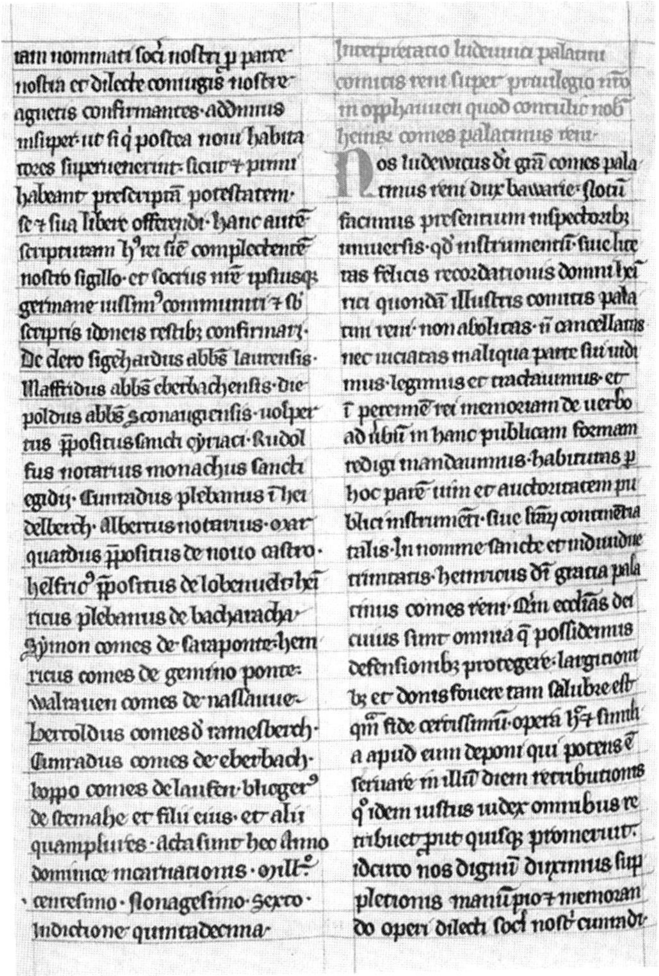
tam nominati soci nostri p patre
nostra et dilecte coniugis nostre
agnetis confirmantes addimus
insuper ut si q postea noui habita
tores superuenerint sicut et primi
habeant prescriptam potestatem
se et sua libere offerendi hanc autem
scripturam h' rei siem complectentem
nostro sigillo et sociis nre ipsiusq;
germane iussim' communiri et sb
scriptis idoneis testibz confirmari
De clero sigehardus abbs laurensis
Maffridus abbs eberbachensis Die
poldus abbs sconaugensis Wolper
tus ppositus sancti cyriaci Rudol
fus notarius monachus sancti
egidii Cunradus plebanus i hei
delberch albertus notarius Gar
quardus ppositus de nouo castro
helfric' ppositus de lobenuelt hei
ricus plebanus de bacharacha
Symon comes de sarapontehem
ricus comes de gemino ponte
Walrauen comes de nassauue
Bertoldus comes d' rauensberch
Cunradus comes de eberbach
Boppo comes de laufen bliger'
de steinahe et filii eius et alii
quamplures Acta sunt hec Anno
dominice incarnationis Mill
centesimo nonagesimo sexto
Indictione quintadecima

Interpretatio ludewici palatini
comitis reni super priuilegio nro
in oppenheim quod contulit nob
heinr' comes palatinus reni
Nos ludewicus di gra comes pala
tinus reni dux bawarie notu
facimus presentium inspectoribz
uniuersis qd instrumentu sue lit
tas felicis recordationis domini hei
rici quonda illustris comitis pala
tini reni non abolitas n cancellatis
nec uiciatas in aliqua parte sui uidi
mus legimus et tractauimus et
i perenne rei memoriam de uerbo
ad ubu in hanc publicam formam
redigi mandauimus habitums p
hoc parte tum et auctoritatem pu
blici instrumenti sue litti continentia
talis In nomine sancte et indiuidue
trinitatis heinricus di gratia pala
tinus comes reni Omn ecclias dei
cuius sunt omnia q possidemus
defensionibz protegere largitioni
bz et donis fouere tam salubre est
qm fide certissimu opera ht et simili
a apud eum deponi qui potens e
seruare in illu diem retributionis
q idem iustus iudex omnibus re
tribuet put quisq; promeruit
Idcirco nos dignu duximus sup
pletionis manupio et memoran
do operi dilecti soci nostri cunradi

Erstmalige Erwähnung von „heidelberch“ für das Jahr 1196
(aus dem Kopialbuch des Klosters Schönau)

Ober- und Mittelrhein sowie in das untere Neckarland. Mehrmalige und längere Aufenthalte verbrachte er spätestens um 1180 in Heidelberg – damals noch ein Lehen des Bischofs von Worms, über das der Staufer die Vogteirechte besaß. Auch wenn die Folgen noch nicht abzusehen waren: Er legte damit den Grundstein für den Aufstieg dieser Stadt zum politischen Mittelpunkt der rheinischen Pfalzgrafenschaft.

Über Konrads Aufenthalte informiert eine biografische Quelle, die zwar erst 1220 geschrieben wurde, aber in das Heidelberg sogar noch vor 1196 führt: die Vita des 1191 verstorbenen Eberhard, der acht Jahre zuvor im für heutige Verhältnisse zarten Alter von achtzehn Jahren das Frauenkloster Kumbd im Hunsrück gegründet hatte. Seine Jugend verbrachte der Sohn eines Ministerialen im Umfeld des Pfalzgrafen. Mit dessen Familie kam Eberhard des Öfteren nach Heidelberg, genauer: auf die dortige, offenbar gleichnamige Burg – von einer dazugehörigen Siedlung oder gar Stadt, geschweige denn von ihrer äußeren Gestalt ist in der *Vita Eberhardi* nämlich nicht die Rede. Relativ sicher sind sich die Historiker allerdings, dass jenes dort genannte *castrum Heidelberg* auf der Molkenkur, einem Ausläufer des Königstuhls, zu finden war – also noch etwas oberhalb des Jettenbühls, auf dem sich heute die berühmte Schlossruine erhebt. Das ursprüngliche *castrum* um 1180 aber, von dem es keine Überreste gibt, muss später durch einen Neubau an gleicher Stelle ersetzt worden sein. Der wurde wiederum 1537 durch Blitzschlag zerstört.

Das Heidelbergs Stadtbild prägende Schloss ist dagegen nicht vor dem 13. Jahrhundert zu veranschlagen; mal abgesehen davon, dass es seine äußere Gestalt im Laufe der Jahrhunderte durch Um- und Anbauten, zuletzt natürlich auch durch Zerstörungen ohnehin mehrfach verändert hat. Die Errichtung dieses jüngeren Herrschersitzes als groß angelegtes Kastell geschah wohl parallel zu einer planmäßigen Stadtgründung mit geometrisch strukturiertem Grundriss, die man bislang mit Konrad von Hohenstaufen in Verbindung gebracht hatte. Vor allem archäologische Befunde in jüngerer Zeit legen jedoch die Vermutung nahe, dass eine solche doch erst mit Antritt der Wittelsbacher Dynastie um 1220 erfolgt

Federzeichnung der „oberen Burg“ auf der Molkenkur vor ihrer Zerstörung durch Blitzschlag; mit Besitzvermerk des Pfalzgrafen Ottheinrich

sein könnte und eben in Verbindung mit der Kastellanlage auf dem Jettenbühl stand. Demnach habe 1196 (und davor) lediglich der um die Peterskirche gruppierte Burgweiler existiert, von dem Überreste in der bereits erwähnten Grabung im Hof der Neuen Universität gefunden wurden. Diesen freilich muss man sich gleichwohl schon als ein verfassungsmäßig weit entwickeltes Gemeinwesen mit durchaus städtischen Qualitäten vorstellen – so ist beispielsweise bereits um 1203 von einem Heidelberger Schultheiß die Rede.

Herkunft von der Heidelbeere? Der Stadtname

Ähnlich schwierig wie die Suche nach den Ursprüngen der Stadt gestaltet sich die Suche nach der Bedeutung ihres Namens. Es wurde darauf hingewiesen, dass „Heidel“ identisch mit Buchweizen sei – einem Heidekraut. Tatsächlich zeigen bereits die frühesten Ansichten der Stadt die Höhe des Königstuhls (worauf sich der zweite Bestandteil des Stadtnamens „berg“ mit großer Wahrscheinlichkeit bezieht) in unbewaldetem Zustand. Andere vermuten zwar ebenfalls einen Hinweis auf eine solche landschaftliche Besonderheit, leiten den Namen allerdings von der Heidelbeere ab, die hier ausgiebig gewachsen sein soll – die Mittelsilbe „beer“ wäre dann im Namen ausgeklammert worden, was Sprachwissenschaftler auch in anderen Fällen schon beobachtet haben: Klammerform nennt man das. Als eher unwahrscheinlich gilt dagegen eine Ableitung von „Heidenberg“ als Bezug auf den Heiligenberg mit seiner Bedeutung für das untere Neckarland in vorchristlicher Zeit. Auch zweifelt man inzwischen die Vermutung an, der Stadtname käme von dem althochdeutschen Namen Heidilo. Zwar weiß man, dass die alte Burg bereits den Namen Heidelberg trug (*castrum Heidelberg* heißt es ja bei Eberhard von Kumbd), doch von einem mutmaßlichen Hausherrn namens Heidilo aus fränkischer Zeit ist bislang nichts überliefert.

Wie auch immer die Anfänge der Stadt Heidelberg waren, ihr Kern ist eine wie auf dem Reißbrett entworfene Anlage auf der dortigen Talsohle am Neckar. Die Motivation dazu lag sicherlich in der zu dieser Zeit auch andernorts zu beobachtenden Einbindung des städtischen Elements in das Herrschaftssystem. Der neue Heidelberger Entwurf, wenn man so will, ähnelt mittelalterlichen Gründungen in ganz Europa, man spricht bei dieser Struktur auch von einem frühgotischen Leitergrundriss: Parallel zum Fluss verlaufen die Untere Straße, die Hauptstraße und die Ingrimmstraße. Dazu rechtwinklig angelegte Quergassen teilen die Stadt in regelmäßige Blöcke auf. Genau in der Mitte – im Schnittpunkt der Hauptachsen – befindet sich der Marktplatz. Stadttore gab es an beiden Enden der etwa 600 Meter langen Hauptstraße sowie an der Steingasse, die zum Neckar führt. Der Fluss musste zunächst noch mit einer Fähre bewältigt werden – erst 1284 wird zum ersten Mal wieder eine Brücke in nach-römischer Zeit erwähnt. Im Osten markierte die Plankengasse, im Westen die Grabengasse eine Stadtgrenze, spätestens ab 1235 wurde Heidelberg von einer Stadtmauer umgeben – davon zeugt heute noch der Hexenturm im Hof der Neuen Universität als einzig verbliebener Eckturm der westlichen Befestigungsanlage. Im Norden bildete zusätzlich zu den Ufermauern der Neckar und im Süden der Hang des Königstuhls einen natürlichen, wenn auch nicht

Älteste Stadtansicht Heidelbergs: von unbekannter Hand geschaffener Holzschnitt für eine 1485 gedruckte Ausgabe der Goldenen Bulle

überragenden Schutz. Der erwähnte, in der Verlängerung der Grabengasse gelegene Burgweiler am Klingenteichbach, die später so genannte Bergstadt, wurde zunächst nicht in die Stadtanlage integriert – bis 1734 bestand diese Siedlung als eigenständige Gemeinde fort. Ebenso befand sich die Peterskirche mit ihrem ausgedehnten Friedhof zunächst außerhalb der Befestigung, obwohl sie in der Anfangszeit die Hauptpfarrkirche der neu erbauten Stadt blieb.

Für das 13. Jahrhundert ist generell ein rascher Urbanisierungsprozess zu beobachten. Das bestätigen die Archäologen. Zugleich finden sich in der schriftlichen Überlieferung Hinweise auf die Ausbildung einer städtischen Selbstverwaltung samt eigenem Siegel. An der Spitze stand als oberster Verwaltungsbeamter des Stadtherrn – also des Pfalzgrafen – ein von diesem eingesetzter Schultheiß *(scultetus)*. Um 1217 war es einer mit dem Namen Sifridus. Mehrere Urkunden aus

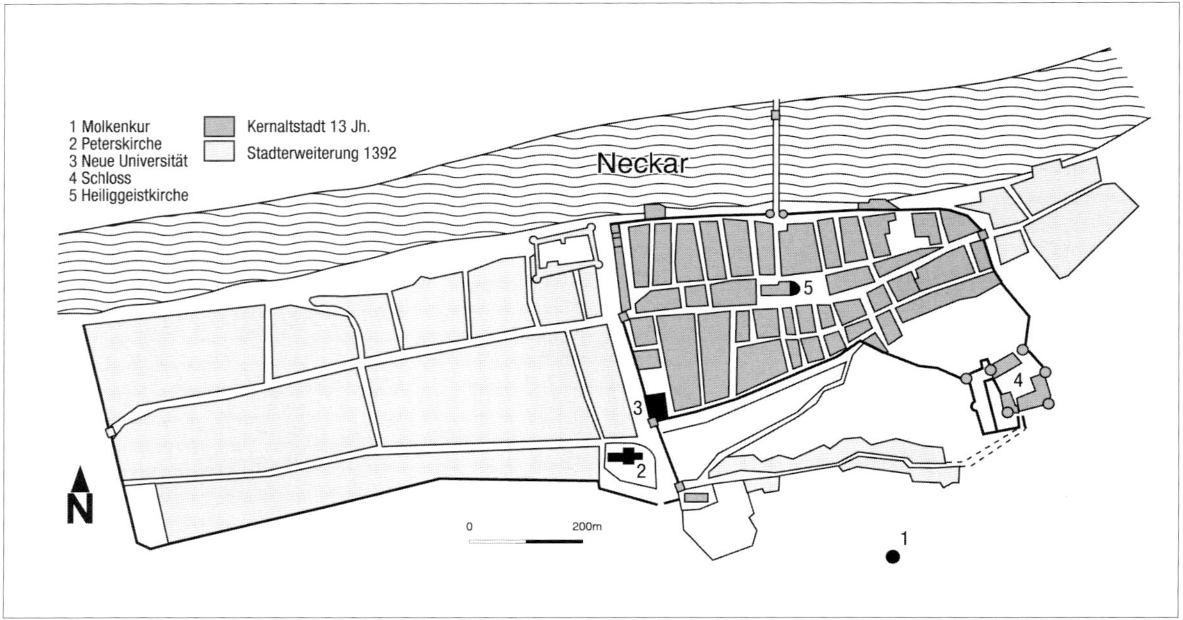

Die Kernaltstadt und ihre Erweiterung im 14. Jahrhundert

dieser Zeit nennen weitere Heidelberger Einwohner, darunter einen Vogt *(advocatus)* namens Sibodo, dessen Tätigkeiten im Mittelalter von der Rechtsprechung bis zur Steuereintreibung reichen konnten, sowie einen Bürger *(burgensis)* namens Ortlieb, in dem man aufgrund seiner Platzierung in den überlieferten Dokumenten gleich nach den pfalzgräflichen Amtsinhabern einen prominenten Vertreter der städtischen Führungsschicht vermuten darf. Genaueres über seine Stellung oder seine Aufgaben ist freilich nicht bekannt. Ähnlich unklar sind überhaupt die gesamten kommunalen Verwaltungs- und Rechtsverhältnisse. Was man weiß, ist, dass zwischen 1280 und 1294 das Schöffengremium des Pfalzgrafen allmählich durch einen Stadtrat abgelöst wurde, auch von einem Bürgermeister *(magister civium)* ist fortan die Rede. Über deren Kompetenzen kann allerdings nur gemutmaßt werden. Möglicherweise spiegelt sich in diesem strukturellen Wandel eine selbstbewusster gewordene Bürgergemeinde, die auf größeren Einfluss drängte. Im Verlauf einer Auseinandersetzung, bei der es offensichtlich um Fragen bürgerlicher Verwaltungsautonomie ging, setzte sich 1356 allerdings noch der Pfalzgraf durch. Erst mit der Stadtordnung Friedrichs I. („des Siegreichen“) aus dem Jahr 1465 wurden den Heidelbergern größere Selbstbestimmungsrechte – wenn auch noch in vergleichsweise geringen Maßen – zuerkannt.

Rückschläge in der mittelalterlichen Stadtentwicklung blieben in den ersten Jahrzehnten nach der Gründung nicht aus. Zwei Großbrände beispielsweise sollen in den Jahren 1278 und 1288 Heidelberg mehr oder weniger vollständig verwüstet haben, noch bis ins 17. Jahrhundert legte immer wieder die Pest das öffentliche Leben lahm. Die bauliche Entwicklung im 14. Jahrhundert bleibt zunächst undeutlich, an dessen Ende aber fand eine umfangreiche Erweiterung in Richtung Westen statt: 1392 verlegte Pfalzgraf Ruprecht II. (1390–1398) die bisherige Stadtgrenze von der Grabengasse an den heutigen Bismarckplatz, entlang der Sofienstraße. Damit einher ging – zum ersten Mal in der Geschichte Heidelbergs – eine Vertreibung von Juden, die vierzig Jahre zuvor noch als Flüchtlinge willkommen geheißen worden waren; infolge einer großen

Pestepidemie in vielen anderen Städten war es dort zu Pogromen gekommen.

Herein in die neue Vorstadt holte man dagegen die Bewohner des Dorfs Bergheim – sie mussten umsiedeln. So recht glücklich dürften sie über diesen Schritt aber nicht gewesen sein. Denn die Einwohner dieses Stadtteils, der vorwiegend bäuerlich genutzt wurde und daher nicht so dicht besiedelt war wie die Altstadt, hatten mit einem eingeschränkten Rechtsstatus zu leben; in ihm wohnten die eher ärmeren Schichten. Wie auch die Bergstadt am Klingenteichbach wurde die westliche Vorstadt erst 1743 mit der Heidelberger Kernstadt juristisch vereinigt. Mit der 1392 erfolgten Stadterweiterung aber hatte der Pfalzgraf Maßstäbe gesetzt. Denn die Ausdehnung, die etwa einer Verdoppelung der bisherigen Fläche gleichkam, hatte schließlich bis ins 19. Jahrhundert Bestand.

Ein politisches Machtzentrum entsteht

Ruprecht II. entstammte der Wittelsbacher Dynastie. Und er trug nicht nur den Titel des Pfalzgrafen, sondern ebenso den eines Kurfürsten. Auf politischem Terrain hatte sich nämlich seit dem 12. Jahrhundert einiges getan – vor diesem Hintergrund ist auch die Dynamik der Stadtentwicklung zu verstehen. Nach dem Tod Konrads von Hohenstaufen 1195 und einem darauf folgenden welfischen Zwischenspiel an Rhein und Neckar war die aus dem Gebiet bei Aichach nordwestlich von München stammende Hochadelsfamilie der Wittelsbacher zum Zuge gekommen: Kaiser Friedrich II. hatte im Herbst 1214 den Herzog von Bayern, Ludwig I., mit der rheinischen Pfalzgrafenwürde belehnt – in Vertretung seines noch unmündigen und mit der Welfin Agnes verlobten Sohns, der schließlich 1228 als Otto II. sein Pfalzgrafenamt antrat. Bis 1803 bestimmten fortan die verschiedenen Linien dieses Adelshauses die Geschicke Heidelbergs. Zwar hielten sich die beiden ersten wittelsbachischen Amtsinhaber auch an anderen Orten auf – etwa in Alzey, Bacharach, in Neustadt an der Haardt oder auch in den bayerischen Stammlanden. Doch bereits unter Ludwig II. (1253–1294) gewann Heidelberg mehr und mehr den Charakter einer Residenzstadt. Hinweis dafür sind beispielsweise ganze Urkunden-Serien, die an diesem Ort ausgestellt wurden. Als im 14. Jahrhundert deutsche Fürsten dazu übergingen, ihre traditionelle Reiseherrschaft durch feste Amtssitze einzutauschen, setzte sich fast zwangsläufig Heidelberg als Hauptstadt der Pfalzgrafen bei Rhein durch. Das wiederum zog Adel und Geistliche an, auch der Ausbau einer entsprechenden Infrastruktur war damit verbunden – ein Prozess, der natürlich nicht ohne Folgen für die Stadt blieb.

Parallel zu dieser Entwicklung hatte sich auch die politische Macht der Pfalzgrafen im Heiligen Römischen Reich deutscher Nation konsolidiert. Nachdem mit dem Tod Kaiser Heinrichs VI. 1197 der letzte Versuch gescheitert war, das damalige Deutschland in eine Erbmonarchie umzuwandeln, kam es zu einer Neuregelung der Königswahl. Papst Innozenz III., der im welfisch-staufischen Thronstreit vermittelte, setzte sich mit seiner Auffassung durch, dass neben den drei rheinischen Erzbischöfen (in Mainz, Trier und Köln) auch der Pfalzgraf bei Rhein den deutschen Monarchen wählen solle. Erweitert wurde diese Gruppe bald um den Herzog von Sachsen und den Markgrafen von Brandenburg. Ab 1289 konnte auch der König von Böhmen seine Zugehörigkeit zu diesem Kollegium durchsetzen. In dem vom anhaltinischen Ritter Eike von Repgow verfassten Landrecht des *Sachsenspiegels* (um 1230), von dem sich heute ein Exemplar in der Universitätsbibliothek Heidelberg befindet, war ihm das noch ausdrücklich verwehrt worden mit der Begründung: „weil er kein Deutscher ist".

Rechtlich fixiert wurde das Procedere der Königswahl durch diese drei geistlichen und vier weltlichen Kurfürsten (nach ahd. *churi* = Wahl) endgültig in der „Goldenen Bulle" Kaiser Karls IV., die er 1356 auf dem Reichshoftag in Metz feierlich präsentierte. Genau 450 Jahre lang stellte sie so etwas wie das Grundgesetz des alten Reichs dar, das 1806 aufhörte zu existieren. Mit der vererbbaren Kurwürde verbunden waren wichtige Rechte. Dazu gehörten die vier Erzämter. Der pfälzische Kurfürst fungierte als Truchsess, dem unter anderem die Aufsicht über die königliche Tafel und die gesamte Hofhaltung oblagen. Bei der Krönung selbst trug er dem Monarchen das bedeutsame Herrschaftszeichen des Reichsapfels voran. Des Weiteren war der Pfalzgraf bei Rhein Stellvertreter des Königs im Hofgericht. Ferner sollte er diesen im Falle einer Thronvakanz vertreten, wenn auch regional beschränkt auf das rheinische und schwäbische Gebiet sowie den Bereich des fränkischen Rechts.

Doch damit nicht genug. Dieses Verfassungsdokument entschied außerdem einen dynastischen Konflikt im Sinne der rheinischen Pfalzgrafen, für den im Hausvertrag von Pavia 1329 noch ein Kompromiss gefunden worden war. Demnach sollte nämlich die Wahrnehmung des Kurrechts zwischen der Münchner und der Heidelberger Linie des Hauses Wittelsbach wechseln. Die 1356 verkündete Goldene Bulle sah dagegen allein für den Pfälzer die Kurwürde vor. Und damit schickte sich Heidelberg an, zur Hauptstadt eines der mächtigsten Fürstentümer im Heiligen Römischen Reich deutscher Nation zu werden. Denn dessen Herrscher stellten fortan den einflussreichsten unter den weltlichen Königsmachern.

Seit dem 14. Jahrhundert wurde der Begriff der Pfalzgrafschaft allmählich abgelöst durch die Bezeichnung Kurfürstentum Pfalz oder kurfürstliche Pfalz. Zunehmend sprach man auch in abgekürzter Form von der Kurpfalz, mundartlich von der „Kurpalz“. Selbst nach deren Untergang als Staatsgebilde zu Beginn des 19. Jahrhunderts ist ihr Name im alltäglichen Sprachgebrauch erstaunlicherweise lebendig geblieben. Bezeichnet werden mit ihm vor allem die rechtsrheinischen Teile des alten Territoriums. Und keine Frage, die Vokabel hat in Heidelberg noch immer identitätsstiftende Kraft – viele unter den alteingesessenen Stadtbürgern verstehen sich jedenfalls bis heute in erster Linie als Kurpfälzer und erst in zweiter Linie als Badener oder Baden-Württemberger. Davon zeugen auch verschiedene Initiativen zur Wiederbelebung der Kurpfalz, die es im 20. Jahrhundert sowohl nach dem Ersten wie dem Zweiten Weltkrieg gegeben hat. Letztlich durchsetzen konnten sie sich allerdings nicht.

Pfälzer Löwe: Das Stadtwappen

Auf schwarzem Feld zeigt das in seiner heutigen Form seit 1898 geführte Wappen der Stadt Heidelberg einen goldenen Löwen mit roter Zunge und roter Krone, der auf einem grünen Dreiberg schreitet; seine ebenfalls roten Krallen weisen ihn als bewehrt aus. Auf Siegeln und Wappen der Wittelsbacher Dynastie begegnet der aufgerichtete Löwe bereits seit Mitte des 14. Jahrhunderts, dazu gehörte zunächst noch ein Schild, auf dem sich die charakteristischen weiß-blauen Rauten dieses Adelshauses befanden. Eine Trennung vollzog sich im 15. Jahrhundert. Die Rauten wurden nun zum Kennzeichen des Herzogtums Bayern, der Löwe dagegen ward zum Pfälzer Löwen. Umstritten ist, ob es sich bei ihm um eine Eigenkreation handelt oder ob die wittelsbachischen Pfalzgrafen sich damit bewusst in die Tradition ihrer welfischen Vorgänger gestellt haben, die auf ihren Schildern ebenfalls schon dieses Symboltier abgebildet hatten (möglicherweise seinerseits eine Übernahme aus dem ältesten bekannten Familienwappen der Hohenstaufen). Dem Dreiberg begegnet man seit 1436. Zu verstehen ist er als Hinweis auf die topographischen Gegebenheiten und wahrscheinlich auf den Stadtnamen. Die offiziellen Farben Heidelbergs sind die des Wappens: schwarz-gelb.

Der erste in Heidelberg ganz offiziell als Kurfürst residierende Pfalzgraf war Ruprecht I. (1329–90). Durch seine umsichtige Politik mit Unterstützung der deutschen Könige Ludwig IV. und seinem Nachfolger Karl IV. – die Nähe zu beiden unterstreichen zahlreiche verwandtschaftliche Beziehungen – gelang ihm eine Festigung des pfälzischen Staatswesens. Verbunden damit war eine Stabilisierung der Finanzen sowie eine beträchtliche Erweiterung des Territoriums. Unter seiner Herrschaft kamen beispielsweise die auch vom Mainzer Erzbischof ins Visier genommene Neckarfestung Dilsberg – in Kriegszeiten sollte sie als Zuflucht für den Heidelberger Hof dienen

– sowie Reichsstädte wie Neckargemünd (1329), Sinsheim (1362) oder Kaiserslautern (1375) zur Kurpfalz. Im benachbarten Ladenburg konnte Ruprecht durch die Übernahme der halben Herrschaft entscheidenden Einfluss gewinnen. Und auch Heidelberg selbst profitierte von der Landespolitik seines Kurfürsten. Zwar scheiterte er mit seinem Vorhaben, durch eine 14-tägige Messe – sie sollte im Anschluss an die Frühjahrsmesse in Frankfurt stattfinden – die Stadt am Neckar zu einem überregional bedeutenden Handelszentrum zu machen (vor allem die dezentrale Lage der Stadt machte ihm hier einen Strich durch die Rechnung). Doch mit einer anderen richtungsweisenden Entscheidung lag der Kurfürst goldrichtig, auch wenn er deren Dimension damals wohl noch nicht ermessen konnte.

Universitätsgründung 1386

Gekrönt hat der fast achtzigjährige Ruprecht I. seine ungewöhnlich lange politische Laufbahn nämlich kurz vor seinem Tod mit der Gründung einer Universität. Ihre Bedeutung für die weitere Entwicklung Heidelbergs – insbesondere nach dem Niedergang der Stadt als politisches Machtzentrum spätestens im 18. Jahrhundert – ist kaum zu überschätzen. Eigentlich war der Plan des Kurfürsten, der weder lesen noch schreiben konnte und nach eigenem Bekunden auch kein Latein verstand, verwegen – und traf doch auf günstige Umstände.

Das Große Abendländische Schisma hatte die lateinische Christenheit in zwei Kirchenorganisationen gespaltet, nachdem es 1378 zu einer Doppelpapstwahl gekommen war. Während Frankreich auf Seiten des in Avignon residierenden Klemens' VII. stand, wandte sich das mittelalterliche Deutschland im allgemeinen Papst Urban VI. in Rom zu. Das wiederum bedeutete, dass romtreue Magister und Scholaren an der Avignon-freundlichen Sorbonne in Paris erhebliche Schwierigkeiten bekamen und das Land verlassen mussten. Ausweichmöglichkeiten gab es für sie im Heiligen Römischen Reich zu dieser Zeit lediglich zwei: die Universitäten in Prag (gegründet 1348) und Wien (gegründet 1365). Dass Heidelberg nun unter Ruprecht I. ebenfalls eine Hochschule bekommen sollte, war allein schon deshalb ungewöhnlich, da die Situation am Neckar sich von der anderer Universitätsstädte deutlich unterschied: Prag und Wien waren immerhin Großstädte mit rund 30 000 beziehungsweise 20 000 Einwohnern – in Heidelberg lebten damals auf circa 20 ha Fläche höchstens 5000 Menschen. Die Stadt war zudem agrarisch geprägt, auf eine große Schul- oder Gelehrtentradition konnte man ebenfalls nicht verweisen. Dennoch gelang das Vorhaben.

Im Oktober 1385 wurde in Genua eine Stiftungsbulle *In supremae dignitatis* durch Papst Urban VI. ausgefertigt, die dem rheinischen Pfalzgrafen die Einrichtung eines Generalstudiums in Heidelberg nach Pariser Vorbild genehmigte. Ein knappes Jahr später beschlossen Ruprecht I. sowie seine späteren Nachfolger Ruprecht II. und Ruprecht III. die Gründung, über die wir somit – im Gegensatz zu den Anfängen der Stadt – recht gut Bescheid wissen. Neben dem Schisma und der damit verbundenen Chance, sich als alternative Bildungsstätte zu etablieren, mag auch politischer und dynastischer Ehrgeiz des Wittelsbacher Kurfürsten eine Rolle gespielt haben, es dem aus dem Luxemburger Geschlecht stammenden Kaiser Karl IV. und dem Habsburger Rudolf IV. von Österreich gleichzutun, die jeweils „ihre" Universitäten in Prag und Wien aus der Taufe gehoben hatten. Ferner ging es Ruprecht I. darum, einen weiteren Integrationsfaktor mit überregionaler Anziehungskraft im Pfälzer Territorium zu schaffen. Und nicht zuletzt sollte ihm die „Hohe Schul" den nötigen Nachwuchs an Geistlichen, Medizinern, Juristen und Lehrern zur Verwaltung seines Herrschaftsgebiets sichern – viele wechselten nach ihrem Studium denn auch in den Dienst des Hofes.

Aus der Gründungsurkunde Ruprechts I.

„Ruprecht der Ältere, von Gottes Gnaden Pfalzgraf bei Rhein, des Heiligen Reichs Kurfürst und Herzog in Bayern. Damit wir die uns durch den Apostolischen Stuhl gewährte Freiheit zur Gründung eines Heidelberger Studiums nach dem Vorbild des Pariser Studiums nicht zu missbrauchen scheinen und so, dem

göttlichen Gerichtsspruch unterliegend, des gewährten Privilegs beraubt zu werden verdienen, haben wir in sorglicher Beratung als für alle Zeiten in ihm zu beachten beschlossen, dass die Universität des Heidelberger Studiums geführt, geordnet und reguliert werde nach der Art und Weise, wie sie in der Pariser Universität beachtet zu werden pflegt, und zwar so, dass sie als eine hoffentlich würdige Magd des Pariser Studiums deren Schritte in aller gehörigen Weise nachmacht, nämlich dass in ihr vier Fakultäten sind: als Erste die der heiligen Theologie oder auch die göttliche, als zweite die des kanonischen und bürgerlichen Rechts, welche wegen der Verwandtschaft zueinander nach unserer Anordnung als eine Fakultät genommen wird, als dritte die der Medizin, als vierte Fakultät die der Artisten oder der Freien Künste als dienender Töchter der Philosophie, und zwar der dreifachen, der ersten, der natürlichen und der moralischen, welche nach unserem Willen in vier Nationen [...] geteilt und unterschieden wird. Und dass alle diese Fakultäten und Nationen eine Universität bilden und die einzelnen Studierenden in jeder der genannten Fakultäten wie eheliche Kinder der einen Mutter ungeteilt zu ihr gebracht werden. [...]."
(Übersetzung: Prof. Dr. Reinhard Düchting)

Als ersten Rektor der neu geschaffenen Alma Mater gewann man, ausgestattet mit einem für damalige Verhältnisse wahrlich fürstlichen Gehalt von 200 Gulden, den Niederländer Marsilius von Inghen, der um 1340 in der Gegend von Arnheim geboren worden war. Er hatte an der Sorbonne studiert, gelehrt und dort bereits zweimal das Amt des Rektors bekleidet. Als Gegner des schismatischen Paris war er gewissermaßen heimatlos geworden. In Heidelberg erhielt er nun die Gelegenheit, eine Universität nach eben jenem Pariser Modell aufzubauen, das in ganz Europa als vorbildlich galt; Historiker haben diese Personalentscheidung des Kurfürsten im Nachhinein als Glücksfall bezeichnet.

Die Anfänge mit gerade einmal drei Lehrern waren freilich äußerst bescheiden. Die Feierlichkeiten zur Einweihung begannen am 18. Oktober 1386 mit einer Messe in einer Kapelle am Marktplatz, der späteren Heiliggeistkirche. Einen Tag später wurde der Lehrbetrieb in der theologischen und in der Artisten-Fakultät aufgenommen, und zwar mit Vorlesun-

Kurfürst Ruprecht I., abgebildet mit seinen beiden Gattinnen Elisabeth von Namur († 1382) und Beatrix von Berg († 1395). Aquarell/Gouache von Peter Friedrich von Walpergen

gen über den Titusbrief, die Physik des Aristoteles und über Logik. Gegen Ende des Jahres formierte sich die Juristische Fakultät, zwei Jahre später folgten die Mediziner. Marsilius von Inghen, der 1396 starb, erwarb sich neben seinen organisatorischen Fähigkeiten auch den Ruf eines vorzüglichen Didaktikers. Und er absolvierte in Heidelberg sogar noch ein Theologie-Studium. Als Erster erwarb Marsilius 1395 in dieser Fakultät den Doktortitel. Generell umfasste das Bildungsangebot der damaligen Universität auch eine höhere Schulbildung, den untersten akademischen Titel, den man in Heidelberg erwerben konnte, war das Bakkalaureat. Das Einstiegsalter war dementsprechend niedrig. Mit zwölf Jahren ein Studium zu beginnen war nicht ungewöhnlich.

Der Zuspruch von Seiten der Studenten war im ersten Jahr überwältigend. Mit 579 Immatrikulationen erlebte die neu gegründete Hochschule zunächst einen regelrechten Ansturm, wenn auch dieser Wert in den Folgejahren erst einmal wieder zurückging. Dennoch behauptete sich die Universität in der Mitte des 15. Jahrhunderts endgültig trotz bedrohlicher Krisen wie Seuchen und Kriege. Und auch trotz erstarkter Konkurrenz in einer Zeit, in der zahlreiche Universitäten im Heiligen Römischen Reich eröffnet wurden – insbesondere die neu gegründete Universität in der Großstadt Köln (1388) wilderte gewissermaßen im Einzugsbereich der Heidelberger Hochschule. Entrichtet werden mussten zwar Gebühren für Immatrikulation, Vorlesungen und Examina, die Studenten genossen allerdings zugleich – wie auch die Professoren – zahlreiche Vorrechte und Privilegien vor allem in finanziellen Angelegenheiten oder in Fragen des Wohnens, auch durften sie im Gegensatz zu den Stadtbürgern Waffen tragen.

Ein Dach über dem Kopf fanden die Scholaren zunächst in Privathäusern, ehe sich immer mehr spezielle Wohnheime (so genannte Bursen) durchsetzten. Der Lehrbetrieb fand ebenfalls zunächst noch nicht in eigenen Räumen statt. Die erwarb man sich auf gewaltsame Weise erst infolge der bereits erwähnten Judenvertreibung durch Ruprecht II. im Jahr 1392: Die Synagoge an der Unteren Straße wurde in eine christliche Marienkapelle umgewandelt und diente fortan als Hörsaal. Auch vom übrigen jüdischen Grundbesitz zwischen Hauptstraße und Neckar (westlich der Heiliggeistkirche) profitierten vor allem die Universität und ihre Angehörigen.

Das Verhältnis zwischen Stadt und Hochschule war insbesondere in den ersten Jahrhunderten nicht immer frei von Konflikten. Recht bald nach der Gründung 1386 war die Gerichtsbarkeit über deren Angehörige zu einer ausschließlich universitätsinternen Angelegenheit geworden – später sogar mit eigenen Gefängnissen, den so genannten Karzern. Das barg natürlich Konfliktstoff in sich; auch die Bildungssprache Latein sorgte für Abgrenzung. Verbotslisten und Lasterkataloge aus dieser Zeit dokumentieren die unterschiedlichen Vergehen der Scholaren – das Spektrum reicht von nächtlichem Krawall über Diebstahl bis hin zu Prügeleien. Die Folge waren zum Teil heftige Auseinandersetzungen. So machten beispielsweise nach einem Streit im Juni 1406 Heidelberger Hofleute und ihnen sich anschließende Bürger unter der Parole „Tod den Plattenträgern, nieder mit den Langmänteln“ (eine Anspielung auf die spezielle Kleiderordnung der Akademiker) regelrecht Jagd auf die Studenten. Dabei wurde auch eine Burse gestürmt. Die Universität war empört und protestierte mit der Einstellung ihres Lehrbetriebs. Erst nach dreiwöchigen Verhandlungen war man bereit, ihn wieder aufzunehmen. Zu regelrechten Ständekriegen wie in vielen großen Reichsstädten kam es in Heidelberg aber nie.

König von der Pfalz

Im Jahr 1400 war es endlich geschafft. Der steile politische Aufstieg der kurfürstlichen Stadtherren von Heidelberg hatte endlich einem der ihren den Titel eines deutschen Königs beschert – auf Ruprecht III., einen Großneffen des Universitätsgründers, fiel die Wahl. Er blieb allerdings der einzige unter den ehrgeizigen Pfalzgrafen, dem dieses hohe Amt vergönnt war. Und eine besonders glückliche Hand kann man ihm nicht bescheinigen. Als König Ruprecht I. (1400–1410) konnte er sich in einer ohnehin schwierigen Gesamtsituation des Heiligen Römischen Reichs deutscher Nation nur schwer behaupten. Doch Ruprechts Residenzstadt am Neckar profitierte während seiner Amtszeit durchaus. Zum Beispiel in baulicher Hinsicht.

Auf der Burganlage auf dem Jettenbühl (dem späteren Schloss) ließ Ruprecht einen schließlich nach ihm benannten Palast errichten, der heute als ältester erhaltener Wohnbau dieses Herrschaftssitzes gilt. Noch bedeutender war allerdings der Ausbau der Kapelle am Marktplatz zur repräsentativen Heiliggeistkirche. Sie stieg damit in den Rang einer selbstständigen Pfarrkirche auf, womit eine Abtrennung von St. Peter verbunden war. Voraussetzung dafür war die Schaffung eines Kollegiatstifts gewesen, das auch die wirtschaftlichen Grundlagen der Universität in Form von Professorenpfründen sichern sollte. Den Anforderungen einer Stiftskirche aber genügte die

Die Heiliggeistkirche inmitten der Altstadt

vorhandene Kapelle im romanischen Baustil offenbar nicht. Spätestens 1398 hatte Ruprecht den Grundstein für einen Chorneubau gelegt, bei seiner dortigen Beisetzung im Jahr 1410 war dieser allerdings noch nicht vollendet. Sein Nachfolger, Kurfürst Ludwig III. (1410–1436), aber setzte die eingeleiteten Umbaumaßnahmen unter anderem mit der Neukonstruktion eines Langhauses fort und vermachte schließlich dem Heilig-Geist-Stift fast seine komplette Privatbibliothek, die – Grundstock der berühmten *Bibliotheca Palatina* – auf den Emporen der Kirche untergebracht wurde. Der Kirchturm konnte schließlich Anfang des 16. Jahrhunderts seiner Bestimmung übergeben werden. Und fertig war ein einzigartiges Bauwerk von hohem künstlerischen und repräsentativen Rang.

Die Entscheidung des neuen Königs für die Stiftskirche – vorbereitet durch seinen Vorgänger – war darüber hinaus ein weiterer wichtiger Schritt in der festen Verankerung der kurfürstlichen Residenz im rechtsrheinischen Heidelberg. Zwar hatte Ruprecht I. vor allem mit der Universitätsgründung ebenfalls schon in diesem Sinne gewirkt, ein paar Jahrzehnte zuvor jedoch auch Neustadt an der Haardt deutlich aufgewertet – es handelte sich bei dieser Stadt um einen wichtigen Stützpunkt zum Ausbau des kurpfälzischen Territoriums auf der linken Seite des Rheins. Die dortige Pfarrkirche St. Aegidien war nämlich von Ruprecht bereits zu einer Stiftskirche (1356) erhoben worden, in seinem Testament von 1371 bestimmte er sie sogar, wie schon sein älterer Bruder und Vorgänger Rudolf II. (1329–1353), zu seiner Grablege. Ein bemerkenswerter Schritt. Als letzte Ruhestätte war von den Pfalzgrafen bei Rhein nämlich bis dato vor allem das mit Heidelberg in vielerlei Hinsicht verbundene Kloster Schönau favorisiert worden.

Doch die Bedeutung Neustadts in diesem Punkt blieb Episode. Die Heidelberger Heiliggeistkirche konnte der dortigen Stiftskirche den Rang einer landesherrlich-repräsentativen Grablege mit Erfolg streitig machen. Seit Ruprecht III., der als König Ruprecht I. starb, war sie Begräbnisort fast aller Kurfürsten in der Folgezeit – er selbst war der erste Pfalzgraf, der in der Neckarstadt bestattet wurde.

Nach Kurfürst Ruprecht I. war es vor allem Friedrich I. (1451–1476), der in der spätmittelalterlichen Kurpfalz starke Akzente gesetzt hat. Die kursierenden Beinamen „Böser Fritz“, „Pfälzer Fritz“ und vor allem „Friedrich der Siegreiche“ sind Anspielungen auf seine hart durchgreifende, militärisch grundierte Politik, mit der er zweifellos große Erfolge feierte. In

Oswald von Wolkenstein am kurfürstlichen Hof
Der Büchersammler Kurfürst Ludwig III. war auch ein Gönner des aus Südtirol stammenden Minnesängers und Ritters Oswald von Wolkenstein gewesen, der ein abenteuerliches Leben mit vielen Reisen führte. Auch in der Neckarstadt war er zu Gast (wahrscheinlich um 1427/28). Davon künden zwei Lieder, die am Beginn einer großen Tradition der Heidelberg-Dichtung stehen. Es handelt sich bei Oswalds mittelhochdeutschen Versen, die um die Stadt am Neckar kreisen, zwar in erster Linie um Huldigungen auf den Kurfürsten („gen haidelwerg rait ich zu meinem herren reich …"), zugleich findet sich darin aber auch schon ein erstes Lob auf die aufstrebende Residenzstadt: „Ich rüm dich haidelwerg, / lob oben vf dem berg …"

mehreren Kriegen gelang es ihm, das kurpfälzische Territorium erneut zu vergrößern – vor allem die Schlacht bei Seckenheim 1462 geriet zum Triumph, als er mit einem Schlag den Markgrafen von Baden, den Bischof von Metz und den Grafen von Baden-Württemberg gefangen nehmen konnte. Mit dem Lösegeld nach Freilassung der adligen Geiseln floss viel Geld in die kurfürstliche Kasse. Und das wurde investiert.

In Heidelberg installierte Friedrich ein ständiges Hofgericht, baute ein Kanzleigebäude, in dem sich auch eine Ratsstube befand, und sorgte für die bereits erwähnte Stadtordnung von 1465. Doch Friedrich war nicht nur ein erfolgreicher Kriegsherr und Politiker, sondern auch ein Förderer von Künsten und Wissenschaften. Gegen die Universität setzte er 1452 eine Reform dieser Institution durch. Neben inhaltlichen Fragen ging es dabei vor allem um organisatorische Maßnahmen, mit denen die Attraktivität der Hochschule erhöht werden sollte. Auch versuchte er, der noch jungen Bewegung des Humanismus eine Heimat am Neckar zu verschaffen. So berief er 1456 den aus dem Kraichgau stammenden Peter Luder nach Heidelberg. Luder war damit einer der ersten Lehrer der *studia humanitas* an einer deutschen Universität. Seine in diesem Zusammenhang überlieferte Lobrede auf seinen kurfürstlichen Förderer ist zugleich eine schön ausführliche Beschreibung der damaligen Stadt. Doch Luder, der

Grablege des Kurfürsten Ruprecht III., der als Ruprecht von der Pfalz auch deutscher König war. Neben ihm seine Gemahlin Elisabeth von Hohenzollern

keinen akademischen Grad besaß, konnte sich nur schwer durchsetzen, auch sein freizügiger Lebenswandel sorgte für Ärger. Schließlich verließ er – auch infolge der Pest – 1460 die Stadt wieder in Richtung Erfurt. Im Nachhinein ärgerte er sich über die „Bestien in Heidelberg“. Zu einer ersten Blüte der neuen Geistesströmung kam es in Heidelberg dann erst unter

Friedrichs Neffen und Nachfolger Philipp „dem Aufrichtigen“, der als Kurfürst zwischen 1476 und 1501 regierte. An seinem Hof versammelten er und sein Kanzler Johann von Dalberg zahlreiche Vertreter des deutschen Frühhumanismus, beispielsweise Rudolf Agricola, Conrad Celtes, Johannes Reuchlin oder Jacob Wimphelling. Letzterer feierte seinen Kurfürsten zunächst als idealen Herrscher, wandte sich von ihm jedoch wieder ab, als sein Streben um Vorherrschaft im süddeutschen Raum den bayerischen Erbfolgekrieg auslöste und die Kurpfalz sich dabei gegen den deutschen König stellte.

Doch zurück zu Philipps Vorgänger. Engagiert hat sich Friedrich I. auch im Milieu der so genannten Bettelorden. Ende des 13. Jahrhunderts waren diese in vielen Städten wie Pilze aus dem Boden geschossen. Heidelberg hatte sich sehr früh dieser Reformbewegung geöffnet, die sich als Reaktion auf verweltlichende Tendenzen in der Kirche begriff. Die verschiedenen Gemeinschaften verbanden klösterliches Leben mit seelsorgerischer Tätigkeit und Armenpflege, in der Architektur ihrer Sakralbauten (turmlos und ohne Querbauten) offenbart sich ihr theologisches Programm: Bescheidenheit und Askese. Bereits 1279 ist ein Kloster der Augustinereremiten an der westlichen Stadtbefestigung bezeugt (inzwischen Universitätsplatz), 1320 hatten auch die Franziskaner ein solches unterhalb des Schlosses gegründet (an der Stelle des heutigen Karlsplatzes). An dessen langgestrecktem Kirchenbau ließ Friedrich I. für sich eine Grabkapelle errichten und mit einem monumentalen Freigrab ausstatten. Und auch die Dominikaner, die erst spät nach Heidelberg kamen, wurden vom ihm bedacht. In der westlichen Vorstadt errichteten sie 1465 als Stiftung des Kurfürsten eine Klosteranlage (Ecke Hauptstraße/Brunnengasse), an die auch eine Studienanstalt für Philosophie und Theologie angeschlossen war. Neben den Anwesen der Bettelorden gab es in der Stadt auch andere geistliche Höfe – die Zisterzienserabtei Schönau etwa betrieb im Nordostteil der Stadt einen Wirtschaftshof sowie ein Studienhaus mit der Kapelle St. Jakob. Daneben existierten zwei Höfe des Deutschen Ordens.

Hofadel und Regierungsbeamte, Professoren und Studenten hatten zwar zu Bevölkerungsanstieg und sozialem Wandel geführt. Das mittelalterliche Heidelberg blieb aber im Kern agrarisch orientiert. Man spricht auch vom Typus einer Ackerbürgerstadt. In zehn Zünften war, laut eines Steuerverzeichnisses von 1439, die Bürgerschaft organisiert. Noch heute kann man in der Altstadt die Zeichen dieser Berufsvereinigungen entdecken, die in der Regel über dem Hauseingang angebracht wurden – vom Fass etwa über den Anker bis hin zur Brezel. Zahlenmäßig am stärksten vertreten waren die Weingärtner, ihr Einkommen lag allerdings weit unter dem städtischen Durchschnitt. Und auch wenn deren Produktion wohl in puncto Qualität nicht an die gerühmten Bergstraßenweine herankam – beim Heidelberger Rebensaft handelte es sich lange Zeit um den einzig nennenswerten Exportartikel der Neckarstadt. Neben den umliegenden Hängen diente auch die Ebene als Anbaufläche, ein ausgedehnter Weinbezirk existierte beispielsweise im Bereich des späteren Altklinikums im Stadtteil Bergheim.

Ganz im Gegensatz zu den Winzern sowie den ebenfalls zahlreich vertretenen und vergleichsweise armen Fischern zählten das Schmiede-, Metzgerei- und das Bäckereihandwerk zu den wohlhabendsten Berufszweigen. Einige von ihnen hatten zwischen den Pfeilern der Heiliggeistkirche feste Verkaufsstände. Dass man die enge räumliche Verbindung von Geschäft und Gotteshaus dabei als nicht ganz unproblematisch empfand, belegt ein Pachtvertrag von 1487, in dem ausdrücklich darauf hingewiesen wird, „dass der Becker Mägde keine unziemliche und schandbare Lieder singen und besonders während der heiligen Ämter und wenn man im Stift singt oder predigt.“ Eine Art Kaufhaus, in dem unterschiedliche Waren erworben werden konnten, befand sich außerdem in der Haspelgasse.

Der Wandel in der Sozialstruktur infolge der festen Residenzansiedlung und der Universitätsgründung zeigt sich unter anderem im Florieren des Verkehrsgewerbes. Denn insbesondere die Fuhrleute profitierten vom stark frequentierten Hofstaat und auch von den oft wohlhabenden Studenten, die häufig aus einem reichen Elternhaus kamen. Eine wichtige Rolle spielte zudem der Schiffsverkehr auf dem Neckar mit dem nahen Anschluss an die große mittelalterliche Verkehrsader Rhein. Ging es stromaufwärts, wurden – wie es zum Beispiel auf dem berühmten Merianstich von 1622 zu sehen ist – Reiter am Ufer eingesetzt, um das an einem Tau befestigte Boot zu ziehen. Treideln nennt man das.

Auf dem Mitteltorturm, der die Kernaltstadt von der westlichen Vorstadt trennte, versah ein Feuerwächter seinen Dienst. Das von ihm regelmäßig ausgestoßene Hornsignal diente dabei als Hinweis, dass alles unter Kontrolle war. Wenn es allerdings brannte, wurde die Sturmglocke geläutet. Eine rote Fahne bedeutete dann, dass in der Stadt ein Feuer ausgebrochen war, eine grüne Fahne verhieß Waldbrand. Nachts hängte der Feuerwächter seine an einer Stange befestigte Laterne aus dem Turm in Richtung der Feuersbrunst. Polizeiliche Aufgaben übernahmen in den vier Quartieren, in die Heidelberg eingeteilt war, je ein Viertelmeister. Juristisch gesehen aber bestanden drei isolierte Bevölkerungsgruppen mit je eigener Gerichtsbarkeit: Hof, Stadt und Universität – zur Letzteren gehörte auch Gewerbe wie das der Pergamenthändler und Schreiber.

Aufgelockert wurde der (Arbeits-)Alltag wie überall durch zahllose Fest- und Feiertage. Ein großes Ereignis in Heidelberg und in der gesamten Kurpfalz war beispielsweise das Sommertagsfest, das alljährlich Mitte Juni die Teilnehmer in seinen Bann schlug. Als Zeremonienmeister trat natürlich auch der kurfürstliche Hof in Erscheinung. Anlass dazu boten Ereignisse wie Geburten, Hochzeiten, Krönungen oder auch Vertragsabschlüsse. Die Stadt am Neckar besaß nicht zuletzt einen guten Ruf als Schauplatz von Lanzspielen und Ritterturnieren. Zwar sind präzise Ortsangaben nicht überliefert, doch legt der Vergleich mit anderen Städten nahe, dass der Marktplatz als Veranstaltungsort hierbei eine wichtige Rolle gespielt haben dürfte.

Marktplätze waren der unumstrittene Mittelpunkt städti-

Abbildung zum Heidelberger Turnier von 1481
(aus dem Turnierbuch des Reichsherolds Georg Rüxner, 1530)

schen Lebens. Zunächst im ökonomischen Sinne – als Umschlagplatz für Waren. Hier boten vor allem Bauern aus der Umgebung ihre Ernte zum Verkauf an (und deckten sich mit Waren aus der Stadt ein). Zugleich fungierte der Heidelberger Platz – spätestens mit der vom Kurfürsten gestifteten Heiliggeistkirche – aber auch als sakrales und politisches Zentrum, diente der landesherrlichen Repräsentation. Angezogen wurde natürlich auch allerlei Unterhaltungsgewerbe, auf dem Marktplatz wurden ferner Informationen ausgetauscht und – heute eine unheimliche Vorstellung – Strafen öffentlich vollzogen: von der Bloßstellung am Pranger bis hin zur Enthauptung mit dem Schwert.

Wer als Straftäter mit dem Leben davongekommen war, musste ins Gefängnis. Als solches dienten die Türme der Stadtmauer, entsprechende Zellen gab es aber auch auf dem Schloss und in der Burg auf der Molkenkur. Der prominenteste Häftling im mittelalterlichen Heidelberg war wohl Johannes XXIII. Während des Abendländischen Schismas war er 1410 in Konkurrenz zu Gregor VII. in Rom und Benedikt XII. in Avignon zum Gegenpapst in Pisa gewählt worden. Fünf Jahre später jedoch auf dem Konzil von Konstanz wurde er zusammen mit den beiden anderen Päpsten wieder abgesetzt. Der spätere Kaiser Sigismund übergab ihn daraufhin dem Pfälzer Kurfürsten Ludwig III., der ihn als Gefangenen zunächst nach Heidelberg brachte, wo er im so genannten „Affenturm“ an der Brücke und dann im Schlossgefängnis untergebracht war. Später verlegte man ihn nach Mannheim.

Und auch das älteste Gewerbe war im mittelalterlichen Heidelberg vertreten – ein Bordell befand sich beispielsweise in der Großen Mantelgasse. Für einen fürstlichen Bediensteten, der sich mit seiner Herrin auf Durchreise befand, wurde ein dortiger Besuch in der Fastnachtszeit 1422 allerdings zum Albtraum. Im Zuge einer Auseinandersetzung mit dem Aufseher schlug dieser ihm eine Hand ab. Gegen das damalige „Rotlichtmilieu“ in Heidelberg ging vor allem die Universität vor, deren Studenten dort des Öfteren auffällig wurden. Aber natürlich hatte auch die Kirche Einwände. In einem Beichtspiegel für Laien aus dem Jahr 1494 wird beklagt, dass die

Prostituierten in ihrer allzu leichten Dienstkleidung auf die Straße gingen und sich in diesem Aufzug sogar in der Kirche blicken ließen, was natürlich eine ungeheure Provokation für junge Männer darstelle. Überraschenderweise stellt der Verfasser dieser frommen Schrift Freudenhäuser aber nicht generell in Frage. Tolerieren könne er, wenn die sexuelle Not lediger Handwerksgesellen (sie konnten aufgrund ihrer Armut erst spät heiraten) durch solche Dienste gelindert werde und damit gleichzeitig Gewalttaten verhindert würden. Das aber solle, wenn überhaupt, nur in diskreter Abgeschiedenheit geschehen. Erst mit einer Verordnung von 1563, die „uneheliche Beiwohnung und Hurerei" unter Strafe stellte, sorgte der streng calvinistische Kurfürst Friedrich III. für ein Ende der halb legalen Prostitution in Heidelberg. Sie wurde fortan wohl nur mehr im Geheimen betrieben.

Konfessionen, Kriege, Katastrophen: Heidelbergs Abstieg als Machtzentrum

Alle drei Jahre hielt die Reformkongregation der Augustinereremiten ihr Generalkapitel ab, jedes Mal in einer anderen Stadt. Im April 1518 war Heidelberg an der Reihe. Mit der feierlichen Disputation beauftragt war diesmal ein junger Professor aus Thüringen, der durch seine Kritik am päpstlichen Ablasswesen bereits für Aufsehen gesorgt hatte. Zu der vom Orden in Kooperation mit der Heidelberger Universität getragenen Veranstaltung waren Augustinermönche aus allen Teilen des damaligen Deutschland angereist. Und auch Heidelberger Professoren waren in einem Auditorium der Artisten-Fakultät versammelt, wahrscheinlich auch Studenten, Kleriker und Bürger der Stadt. Viele unter den Zuhörern hatten sich gewiss durch den besonderen Ruf des Referenten als eines Kritikers der katholischen Kirche locken lassen. Sein Name: Martin Luther.

Die so genannte *Heidelberger Disputation* – eine hervorragende Gelegenheit für den jungen Gelehrten, seine theologischen Überlegungen öffentlich darzustellen und sie zu verteidigen – spielte eine wichtige Rolle bei der frühen Ausbreitung der Reformation in Südwestdeutschland. Sie war zugleich so etwas wie der Auftakt der Glaubensstreitigkeiten in der Neckarstadt, auch wenn der Auftritt des jungen Theologen auf die hiesigen Verhältnisse zunächst keinen unmittelbaren Einfluss nahm. Nach der konfessionellen Spaltung infolge des Augsburger Religionsfriedens von 1555 (die nicht im Sinne Martin Luthers war) wechselte Heidelberg bis ins 18. Jahrhundert nicht weniger als siebenmal seine Glaubensrichtung. Grundlage dafür war die territorialstaatliche Regelung *cuius regio, eius religio* („wessen Gebiet, dessen Religion“), nach der der jeweilige Landesherr die Konfession bestimmte.

Bis dahin hatten die beiden Heidelberger Stadtherren in der ersten Hälfte des 16. Jahrhunderts – nämlich Kurfürst Ludwig V., genannt „der Friedfertige“ (1508–1544), sowie sein Bruder und Nachfolger Friedrich II., genannt „der Weise“ (1544–1556), – der reformatorischen Bewegung in der noch katholischen Kurpfalz zumindest keine allzu großen Steine in den Weg gelegt, auch wenn sie aus unterschiedlichen Gründen sich nicht offen auf die Seite der Lutheraner schlagen wollten oder konnten. Insbesondere bei Ludwig V. spricht man von einer Politik des Ausgleichs. Friedrich II., der der evangelischen Lehre noch näher stand als sein Vorgänger, hielten vor allem reichspolitische Überlegungen von einer Frontstellung gegenüber dem katholischen Kaiser Karl V. ab.

Aus der Burg wird ein Schloss

Mit dem 16. Jahrhundert begann nicht nur eine Epoche neuer Ideen und Entdeckungen, bei den Fürsten schlug sich das allerorten zu spürende Aufbruchsgefühl unter anderem in einer regelrechten Baulust nieder – prachtvolle Paläste entstanden, die Zeit der eher schmucklosen Burgen ging unweigerlich zu Ende. Während in Heidelberg die obere und ältere Burg auf der Molkenkur bis zu ihrer Zerstörung 1537 zuletzt unter anderem als Pulvermagazin gedient hatte, kam die untere, auf dem Jettenbühl gelegene Residenz in den Genuss, zu einer geräumigen Schlossanlage ausgebaut zu werden. Kurfürst Ludwig V. sorgte in einer ersten Phase – vor allem mit dem Stückegarten samt Rondell und Dickem Turm – für einen Umbau der Wehranlagen auf der Süd- und Westseite, die dem Fortschritt in der Feuerwaffenentwicklung Rechnung trugen. Außerdem wurden während seiner Amtszeit zahlreiche Wohn- und Ökonomiegebäude errichtet (Küche, Backhaus, Schneiderei usw.). Noch exquisiter aber wurde es unter Friedrich II. Im Gegensatz zu seinem Vorgänger war er mit der Kultur des europäischen Adels besser vertraut und sorgte für den Einzug der Renaissance in die Heidelberger Schlossarchitektur. Mit zu verdanken war die schnelle Verbreitung des in Italien erfolgreichen Baustils auch nördlich der Alpen einer neuen Medientechnik: durch den in dieser Zeit erfundenen Buchdruck konnten solche Rezeptionsprozesse – in diesem Fall mit Hilfe von Kunst- und Stilbüchern der italienischen Architekten – beschleunigt werden. Das Hauptwerk Friedrichs II., des als Bauherren nicht gerade sparsamen Kurfürsten, ist auf dem Heidelberger Schloss der so genannte Gläserne Saalbau (fertiggestellt 1555), dessen Name sich auf die wertvolle, inzwischen allerdings nicht mehr erhaltene Spiegelausstattung im Innern bezieht. Er lehnt sich mit seiner hofseitigen Fassade an den Bautyp des italienischen Renaissancepalazzo an. Der für den Gläsernen Saalbau verantwortliche Hofbaumeister Hans Engelhardt hat möglicherweise auch an der Planung des größten Palastbaus des Schlosses (begonnen 1558) mitgewirkt, der als einer der wichtigsten Bauten der deutschen Renaissance überhaupt gilt. Bemerkenswert ist insbesondere das komplexe Figurenprogramm der Hauptfassade, das in enger Zusammenarbeit mit dem flämischen Bildhauer Alexander Colin entstand. Benannt ist dieses Gebäude nach seinem Auftraggeber Kurfürst Ottheinrich, der die Fertigstellung allerdings nicht mehr erlebte.

Ottheinrichs Reformen

Das erste evangelische Abendmahl in Heidelberg wurde zwar schon 1545 während der Regierungszeit Friedrichs II. in der Schlosskapelle gereicht. Doch erst sein Nachfolger Ottheinrich (1556–1559) vollzog den kompletten Wechsel der Kurpfalz hin zur lutherischen Lehre. Zwar bedurfte es für ihn zu diesem Schritt nach dem ein Jahr zuvor verkündeten Augsburger Religionsfrieden keines allzu großen (außen-)politischen Mutes mehr, doch dieser Renaissancefürst par excellence hatte sich zuvor schon als kämpferischer Protestant bewiesen – und dabei seine politische Karriere aufs Spiel gesetzt.

In Neuburg an der Donau war Ottheinrich vor seiner Heidelberger Zeit Herrscher über das kleine, neu gegründete Fürstentum Pfalz-Neuburg gewesen. Nach dem Tod seiner Frau schloss er sich der lutherischen Bewegung an, setzte die Reformation in seinem Territorium durch und ließ in seiner Residenzstadt die weltweit erste, eigens für den protestantischen Ritus lutherischer Prägung gedachte Kirche bauen: 1543 wurde sie vollendet. Das, was Friedrich II. in Heidelberg bei

Fassade des Ottheinrichsbaus auf dem Schloss

einem offenen Bekenntnis zur protestantischen Kirche fürchtete, widerfuhr Ottheinrich in Neuburg. Kaiser Karl V. enthob ihn zwischenzeitlich gewaltsam seines Fürstenamtes. Hintergrund war allerdings weniger sein Bekenntnis als vielmehr eine desolate Wirtschaftspolitik, mit der er seinen kleinen Staat in den Bankrott getrieben hatte. Unterschlupf fand der verbannte Fürst in der Folgezeit unter anderem in Weinheim und Heidelberg, wo er am Kornmarkt ein Anwesen erworben hatte. Eigentlich hätte Ottheinrich schon 1544 das Kurfürstenamt in Heidelberg antreten können. Doch der zunächst von ihm bewunderte Friedrich, sein ehemaliger Vormund, hatte mit eher faulen Tricks ihm diesen Posten vor der Nase weggeschnappt. So fiel Kronprinz Ottheinrich erst 1556 sein „wartend erb“ zu – im Alter von 54 Jahren. Körperlich befand er sich da schon nicht mehr in allerbester Verfassung.

Mit einer sogleich verabschiedeten Kirchenordnung stellte der neue Kurfürst endgültig die Weichen auf Reformation. Ein Vorhaben, das trotz der durchaus lutherfreundlichen Stim-

Kurfürst Ottheinrich in der Sänfte, im Jahr seines Regierungsantritts in Heidelberg, 1556. Kupferstich von Michael Ostendorfer

mung in der Bevölkerung nicht reibungslos durchzuführen war. Zu den zahlreichen Maßnahmen gehörten das Verbot von Messgottesdiensten und katholischen Zeremonien bei gleichzeitiger Durchsetzung des deutschen Kirchengesangs. Pfarrer mussten in ihren Predigten biblische Texte auslegen, im Zuge der Aufhebung von Kirchengut wurden auch die beiden Klöster Lorsch und Schönau säkularisiert. Probleme gab es vor allem bei der Durchsetzung des Bilderverbots. So klagten die Visitatoren, dass es „allerley abgottischer Bilder, altar, taflen, Creutzfahnen und degleichen Papistische Ceremonien" gäbe, „an denen der gemaine Pofel [gemeint ist der Pöbel] noch hangt". In der Heidelberger Heiliggeistkirche soll Ottheinrich sich sogar persönlich an solch einer Säuberungsaktion beteiligt haben.

Ottheinrichs Wille zur Reformation betraf natürlich auch die Universität. Das schlug sich etwa in der Berufungspolitik nieder. Vor allem Professoren, die die lutherische Lehre ver-

traten, sollten verstärkt nach Heidelberg kommen. Substanzieller und langlebiger war freilich eine umfassende Statutenreform, die einer völligen Neuordnung der Personal- und Finanzierungsstruktur gleichkam. Für Fragen, die den Inhalt von Wissenschaft und Studium betrafen, holte er sich vor allem bei Melanchthon Rat, den er allerdings nicht, wie erhofft, für eine Professur in Heidelberg gewinnen konnte. Letztlich ist als Ergebnis festzuhalten, dass sich unter Ottheinrichs Herrschaft der Humanismus auch an der Heidelberger Universität endgültig durchsetzen konnte. Am Ende stand die Abschaffung der Fakultät für katholische Theologie.

Ottheinrichs fast schon legendäre Bibliophilie, die bereits zu seinen Neuburger Zeiten zum Aufbau einer stattlichen Sammlung geführt hatte, bescherte Heidelberg und seiner Universität zudem eine der kostbarsten Bibliotheken des Abendlandes – die so genannte Bibliotheca Palatina („pfälzische Bibliothek"). Auf den Emporen der Heiliggeistkirche wurden der dort bereits vorhandenen Stiftsbibliothek noch die Bücher der Schlossbibliothek einverleibt sowie die Sammlung Ottheinrichs, zu der sich später noch die seines Brieffreundes Ulrich Fugger gesellte – einen geplanten Bibliotheksneubau für alle Bände auf dem Schloss konnte der Kurfürst allerdings nicht mehr verwirklichen. Kostbar an Ottheinrichs privater Bibliothek waren allein schon die in braunem Kalbsleder gefassten und mit Gold verzierten Einbände, auf denen auch sein mehrdeutiger Leitspruch „Mit der Zeit" zu finden war. Wie sehr ihm die Bücher am Herzen lagen, bestätigt sein Testament. Dort hat der Kurfürst für eine kontinuierliche Weiterentwicklung der Bibliothek gesorgt.

Mehr als drei Jahre waren Ottheinrich als Kurfürst und Stadtherr von Heidelberg nicht vergönnt. Doch diese kurze Zeitspanne genügte, um in der Neckarstadt tiefe Spuren zu hinterlassen – sei es als Reformator der Kurpfalz, Reformer der Universität oder als Mäzen und Bauherr. Ottheinrichs verschwenderischer Umgang mit Geld, der zu einem Renaissancefürsten nun einmal dazugehöret, tat seiner Popularität selbstverständlich keinen Abbruch – genannt wurde er in Heidelberg auch der „Großmütige". Mit seinem Tod am 12. Februar 1559 erlosch zugleich die ältere Kurlinie der Wittelsbacher, die seit 1329 die Pfalzgrafen bei Rhein gestellt hatte. Der kinderlos gebliebene Ottheinrich sah darin eine göttliche Bestrafung dafür, dass einer seiner Vorgänger, nämlich Ludwig III., den Vorreformator Jan Hus 1415 in Konstanz hatte hinrichten lassen.

Calvinistische Hochburg

Als sollte Heidelberg alle Facetten der Reformation einmal ausprobiert haben, gab es unter Ottheinrichs Nachfolger Friedrich III. (1559–1576) erneut eine Richtungsänderung in Glaubensdingen. Sein Beiname „der Fromme" versteckt ein wenig den Eifer, mit dem er die Kurpfalz auf die calvinistische Lehre trimmte. Und das erschien im Vergleich zur Einführung des Protestantismus lutherischer Prägung zunächst einmal als

Radikalisierung. Von der Eheordnung des neuen Kurfürsten war bereits die Rede, berühmt berüchtigt sind auch die Fluchgeldbüchsen, die man beispielsweise in Wirtshäusern aufstellte. Denn diese besondere Form des Schimpfens stand von nun an unter Strafe. Und das wortwörtlich ausgelegte Gebot „Du sollst dir kein Bildnis machen" führte unter Friedrich III. zu einem noch heftiger tobenden Bildersturm – seine zerstörerische Kraft übertraf noch das Wirken seines Vorgängers Ottheinrich. Eine Religionspolitik, die auch vor blutigen Maßnahmen nicht zurückschreckte. So wurde der Ladenburger Superintendent Johann Sylvanus als Ketzer auf dem Heidelberger Marktplatz enthauptet. Er hatte Zweifel am Dogma der Dreieinigkeit formuliert – in der Bibel immerhin nicht unmittelbar zu finden. „Ihnen zu Gedechtnus und Exempel" wurden seine Kinder gezwungen, der Hinrichtung zuzuschauen – einen Tag vor Heiligabend.

Parallel zu diesen Aktivitäten, die viele Bürger der Stadt einigermaßen verstört haben dürften, erlebte die ebenfalls auf den Calvinismus gebrachte Universität freilich einen weiteren Aufschwung. Auch an diesem Beispiel zeigt sich, wie die Hochschule am Neckar im Verlaufe ihrer (frühen) Geschichte immer wieder zum Instrument der jeweiligen Politik des Kurfürsten in wissenschaftlichen und theologischen Angelegenheiten gemacht wurde. Diesmal also zur Beförderung der Lehre Calvins, die für den einfachen Bürger innerhalb des protestantischen Lagers vor allem in der unterschiedlichen Beantwortung der Abendmahlsfrage greifbar wurde: Christus erscheint bei den Lutheranern in Brot und Wein leiblich, bei den Calvinisten ist er lediglich symbolisch anwesend. Mit seinem neuen Bekenntnis erhielt Heidelberg jedenfalls einen enormen Zulauf von entsprechend gesinnten Studenten und Professoren aus ganz Europa und wurde bald – neben Leiden und Genf – als Hochburg des Calvinismus wahrgenommen. Das empfahl sie gleichzeitig als Fluchtstätte verfolgter Protestanten, vor allem aus Frankreich (Hugenotten) und den spanischen Niederlanden (Wallonen). Da diese zumeist wohlhabend waren, profitierte auch der Wirtschaftsstandort Heidelberg von diesen Exilanten erheblich.

Heidelberger Katechismus

Die Textgattung Katechismus im Sinne einer christlichen Glaubensunterweisung hatte Konjunktur im Zeitalter der Reformation, man denke etwa an Luthers Großen und Kleinen Katechismus von 1529. In Anlehnung an diese beiden Schriften entstand auch das bis heute weltweit verbreitetste Bekenntnisbuch der reformierten Kirche – der „Heidelberger Katechismus". Im Auftrag des Kurfürsten Friedrich III. (und unter seiner ständigen Überwachung) hatten die beiden Universitätsprofessoren Zacharius Ursinus und Caspar Olevianus sich an die Arbeit gemacht, ein Glaubensbekenntnis für die Kurpfalz zu verfassen. Dessen Wirkung reichte freilich schnell über die engeren Landesgrenzen hinaus. Im Großen und Ganzen vermittelt der erstmals 1563 erschienene Katechismus, der sich sowohl gegenüber der römisch-katholischen wie der lutherischen Theologie abgrenzt, die reformierte Lehre Calvins in einer gemäßigten Form. Was nicht heißt, dass vereinzelte Spitzen – so etwa die Charakterisierung der katholischen Messe als „vermaledeite Abgötterei" – doch zu finden sind. Zum Erfolg dieses Buchs, der sich allein anhand der Übersetzung dieses Werks in über 40 Sprachen ablesen lässt, trägt sicher auch der klare Aufbau in drei Teilen und die besondere Art der didaktischen Aufbereitung bei.

Beständigkeit taugt nicht als Signum für diese Epoche. Heidelberg blieb nämlich zunächst nur vorübergehend ein Zentrum des reformierten Glaubens, da Friedrichs Sohn und Nachfolger Ludwig VI. (1576–1583) wieder mehr den Lutheranern zuneigte. Die Folge: Trotz Bitten, den Calvinismus beibehalten zu dürfen, kam es zu einer erneuten Umpolung der Universität. Zahlreiche Professoren, Kirchenräte und Prediger wurden ihrer Ämter enthoben (darunter auch Olevianus) und schließlich aus der Stadt ausgewiesen. Sie konnten allerdings bald wiederkommen. Denn Johann Casimir – übrigens das mutmaßliche Vorbild für das bekannte Volkslied „Der Jäger aus Kurpfalz" – sicherte als Kuradministrator (1583–1592) wiederum nach dem Tod Ludwigs VI. für den noch unmündigen Kurprinzen Friedrich, den späteren Friedrich IV., eine calvinistische Erziehung. Nach erfolglosen Vermittlungsversuchen brachte er schließlich auch Heidelberg und die gesamte

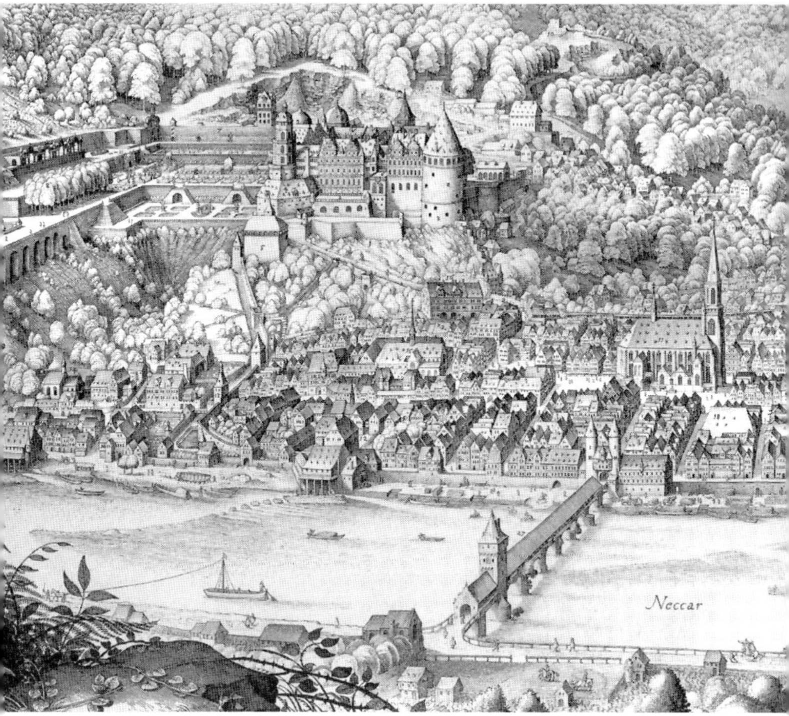

Ausschnitt aus dem Stadtpanorama von Matthäus Merian, 1620

Kurpfalz wieder auf die Linie des Schweizer Theologen. So begann das Spiel von neuem: Lutherische Pfarrer wurden entlassen, der Heidelberger Katechismus erneut bindend und viele Professoren, die in einer nach ihrem Stifter Johann Casimir benannten Neustädter Hochschule zwischenzeitlich Unterschlupf gefunden hatten, konnten wieder an den Neckar zurückkehren.

An Friedrich IV., Kurfürst zwischen 1583 und 1610, können exemplarisch die persönlichen Schattenseiten demonstriert werden, die das ausschweifende Leben an Europas Höfen in dieser Zeit bisweilen mit sich bringen konnte. Dessen Tagebuch offenbart erhebliche Alkoholprobleme („bin ich fol gewesen"), die der Fürst allerdings in den Griff zu bekommen versuchte. So wirkte er beispielsweise als Patron bei einem Mäßigkeitsorden mit, deren Mitglieder sich zwar nicht in Enthaltsamkeit übten, ihren Konsum aber dennoch spürbar einschränken wollten – zur Disziplinierung waren Strafen vorgesehen.

Die Leistungen dieses Kurfürsten erschöpfen sich natürlich nicht in solch privaten Problemlösungsstrategien. Mit dem nach ihm benannten Palastbau auf dem Schloss setzte er einen weiteren wichtigen Akzent zur Ausgestaltung der Heidelberger Residenz – für die Innenhofseite ließ er dabei eine idealisierte Ahnenreihe in Form von Steinskulpturen schaffen, die bis auf die Frankenkönige, auf Karl den Großen zurückreicht. Zugleich entstand auf der Nordseite dieses Gebäudes der Altan, eine rund 400 Quadratmeter große Aussichtsterrasse, die heute zum Pflichtprogramm eines jeden Heidelberg-Touristen gehört. Den Erwartungen allerdings, die man in Friedrich IV. als dem wohl mächtigsten protestantischen Reichsfürsten in politischen Angelegenheiten setzte, wurde er nur teilweise gerecht. So schlug die Stunde der Ratgeber. Insbesondere Christian von Anhalt wurde zur Schlüsselfigur bei den Regierungsgeschäften. Ihm vertrauten Friedrich IV. und auch sein ihm nachfolgender Sohn in politischen Entscheidungsprozessen manchmal fast blind.

König, nur einen Winter

Zunächst gab es mal wieder etwas zu feiern. Fast zeitgleich mit dem Beginn der eigentlichen Amtszeit des 1596 geborenen Friedrichs V., für den zwischen 1610 und 1614 als Vormund Johann II. Pfalzgraf von Zweibrücken das kurfürstliche Regiment geführt hatte, wurde zur Hochzeit geladen. Dabei handelte es sich sogar um eine Liebesheirat – in Zeiten politisch motivierter Eheschlüsse durchaus bemerkenswert. Was aber nicht ausschließen soll, dass bei Friedrichs Wahl auch andere Motive als das einer Herzensangelegenheit eine Rolle gespielt haben könnten. Seine Braut: die gleichaltrige Elisabeth Stuart, Tochter von König Jakob I. von England und Enkelin der noch berühmteren Maria Stuart. Eine lohnende Verbindung für die in finanziellen Nöten steckende Kurpfalz und auch politisch interessant. Getraut wurde das Paar im Februar 1613 in London. Dann ging es auf Rückreise in Friedrichs Heimat, wo für die beiden Eheleute bei ihrer Ankunft im Juni desselben Jahres alles aufgeboten wurde, was das damalige Festrepertoire so hergab: Triumphbögen säumten ihren Weg, auf dem Neckar schwammen kleine Modellfestungen, Umzüge wurden veranstaltet, Musik gemacht, daneben gab es Turniere, Ritterspiele, Jagden und vor allem viel Feuerwerk. Ganz Heidelberg war auf den Beinen und feierte mit – zwei Wochen lang.

Dass Friedrich eine Schwäche für höfische Prachtentfaltung hatte, zeigen auch einige Bauvorhaben auf dem Schloss, die zum Teil schon vor der Fahrt nach England in Angriff genommen worden waren. 1612 erfolgte die Grundsteinlegung für den so genannten Englischen Bau mit frühbarocken Elementen, der als Palastbau des Kurfürsten und seiner Gemahlin diente. In nur einer einzigen Nacht soll 1615 das an antike Triumphbögen erinnernde Elisabethentor als Eingang des zum Lustgarten umfunktionierten Stückegartens entstanden sein – ein Geburtstagsgeschenk des Kurfürsten an die 19 Jahre alt gewordene Elisabeth. Im Dicken Turm, nun seiner Verteidigungsfunktion beraubt, ließ Friedrich schließlich einen rund 500 Quadratmeter großen Fest- und Speisesaal errichten, den seine theaterbegeisterte Gattin auch als Bühne für reisende, zumal für englische Schauspielgruppen zur Verfügung stellte – möglicherweise waren hier schon Aufführungen von Stücken des Zeitgenossen William Shakespeare zu sehen.

Achtes Weltwunder? Der Hortus Palatinus

Wohl schon in der Tradition der Hängenden Gärten von Babylon sahen manche den von Friedrich V. in Auftrag gegebenen, allerdings nie ganz vollendeten *Hortus Palatinus* – jedenfalls bezeichneten sie ihn als achtes Weltwunder. Diese zwischen 1614 und 1619 entstandene Schlossgartenanlage nach französischen und italienischen Vorbildern war nicht nur ein ungewöhnliches Gesamtkunstwerk, bei dem alle Sinne gefordert waren, sondern zweifellos auch ein Höhepunkt kurfürstlicher Selbstdarstellung. Überall stieß man auf Zeichen, die Fried-

Der Hortus Palatinus in einer Ansicht Matthäus Merians, 1645

rich V. als idealen Herrscher in zahlreichen Rollen abbildeten – sei es als göttlichen Apoll oder starken Herkules. Keine Frage, mit dem wohl bedeutendsten Auftrag seiner Karriere hatte der französische Ingenieur Johann Salomon de Caus, den Friedrich aus England mitgebracht hatte, eine eminent politische, dabei stets symbolisch verschlüsselte Gartenarchitektur umgesetzt. Aufsehen erregten insbesondere seine später in der barocken Gartenkunst kopierten technischen Spielereien, die zugleich den Triumph über die Natur verdeutlichen sollten. Zu bestaunen war etwa eine Wasserorgel, die in der in den Hang hineingebauten Großen Grotte musizierende Figuren aus der Mythologie in Bewegung setzte. Viel ist von dem berühmten Garten, vor allem infolge zweier Kriege, allerdings nicht übrig geblieben. Immerhin, die heute noch in Ansätzen vorhandene Terrassenstruktur (fünf Ebenen hatte der Park) sowie Überbleibsel wie etwa eine Personifikation des Flussgottes Rhein, die erwähnte Grotte oder Reste der Bäderterrasse lassen etwas von der Faszination erahnen, die der Prachtgarten damals ausgeübt haben muss.

Der Zug ins Große, Pompöse und Luxuriöse, den die Regierungszeit Friedrichs V. (1614–1623) zunächst auszeichnete, ließ noch nicht ahnen, dass mit ihm Heidelberg und die Kurpfalz an einem Wendepunkt angelangt waren. Die politische Großwetterlage, in deren Zentrum sich der Kurfürst kraft seines Amtes befand, hatte sich spürbar verschlechtert. Hinzu kam ein Zeichen, das damals selbst rationale Geister in Unruhe versetzen konnte. „Ein schröcklicher Comet-Stern mit einem sehr langen brennenden Schwantz am Himmel“ sorgte 1619 für einiges Aufsehen – Matthäus Merian hat dieses in ganz Europa wahrgenommene Naturschauspiel vor einem nächtlichen Heidelberg-Panorama auf einem Kupferstich festgehalten. Ein Menetekel? Fest steht, dass aus dem Festspiel von nun an eine Tragödie wurde.

Friedrich V. konnte der sich abzeichnenden Konfrontation kaum aus dem Weg gehen. Auslöser war – wie so oft in diesen Zeiten – ein konfessioneller Streit. 1608 hatten sich die protestantischen Reichsfürsten zu einem losen Bündnis, einer „Union“ formiert, die zunächst von Friedrich IV. und nach seinem Tod von seinem Sohn Friedrich V. angeführt wurde. Demgegenüber hatte sich im Folgejahr eine „Liga" katholischer Reichsfürsten zusammengefunden, an dessen Spitze wiederum Maximilian von Bayern, also ein Wittelsbacher aus der Münchner Linie, zu finden war. Als nun der spätere deutsche Kaiser Ferdinand II. 1617 als frisch gebackener König von Böhmen daranging, dort den Katholizismus einzuführen, kam es zu einer Revolte. Der Habsburger hatte die Rechnung ohne den böhmischen Adel gemacht. Und außerhalb Böhmens sahen protestantische Reichsfürsten die Gefahr einer umfassenden Katholisierung des ganzen Kontinents – die viel beschworene „papistische Weltverschwörung" – heraufziehen. Der Widerstand entlud sich im Mai 1618 unter anderem dergestalt, dass zwei katholische Räte aus der Prager Königsburg gewaltsam hinausbugsiert wurden – als zweiter Prager Fenstersturz ist diese spektakuläre Aktion in die Geschichtsbücher eingegangen.

Ferdinand wurde schließlich für abgesetzt erklärt, zugleich Kurfürst Friedrich V. zum neuen König ausgerufen. Der zögerte zwar, nahm die Krone im Herbst 1619 aber, wohl auf

Personifikation des Flussgottes Rhein (aus dem Hortus Palatinus)

Drängen seines Beraters Christian von Anhalt, schließlich doch an. Ein verhängnisvoller Schritt, denn der aus der Kurpfalz herbeigeeilte Regent konnte sich keineswegs behaupten, was im Übrigen auch daran lag, dass die von seinem Schwiegervater schon zugesagte Unterstützung Englands ausblieb. Der nämlich hatte zuletzt auf das *Appeasement*-Prinzip gesetzt, wollte Ferdinand als böhmischen König akzeptieren, wenn dieser Religionsfreiheit zusichere. Ein Debakel zeichnete sich ab. Die entscheidende Schlacht am Weißen Berg nordwestlich von Prag im Jahr darauf ging gegen die Truppen des Kaisers und der katholischen Liga verloren. Friedrich floh mit seiner Familie ins Exil nach Den Haag – aus dem einst mit großen Pomp in Heidelberg angetretenen Kurfürsten war nun der gescheiterte „Winterkönig“, wie ihn katholische Flugblätter spöttisch nannten, geworden. Knapp 13 Monate dauerte das „böhmische Abenteuer“. Und der regionale Konflikt, der 1618 mit dem Aufstand in Böhmen begonnen hatte, mündete schließlich in einen europäischen Krieg, der erst 1648 mit dem Westfälischen Frieden offiziell beendet werden konnte.

Bücherraub oder Rettung?

Für Heidelberg war es im Sommer 1622 ernst geworden. Kaiserliche Truppen unter Führung des Generals Graf Tilly hatten im Juli ihr Hauptquartier in Handschuhsheim vor den Toren der Stadt bezogen. Fast drei Monate dauerte der Belagerungszustand, ehe Heidelberg Ende September – nach einer ersten fehlgeschlagenen Offensive und gescheiterten Verhandlungen mit dem städtischen Gouverneur Heinrich van de Merven – bei einem Generalangriff von allen Seiten eingenommen und wohl stark zerstört wurde. Die in Tag- und Nachtdiensten seit 1621 durchgeführten Arbeiten an der Befestigung, zu denen die Heidelberger Bürger mitsamt Frauen und Kindern verpflichtet worden waren, hatten sich somit als vergeblich erwiesen. Die Schuld muss man letztlich den beiden Kurfürsten Friedrich IV. und Friedrich V. in die Schuhe schieben, die es in den Jahren und Jahrzehnten zuvor versäumt hatten, eine

Feldbuch der Wundarznei mit einem für Ottheinrich gefertigten Einband (aus der Bibliotheca Palatina)

zeitgemäße Befestigung von Stadt und Schloss aufzubauen. Nach der Einnahme der Stadt errichtete die insgesamt etwa 15 000 Mann umfassende Besatzungsarmee sechs Standlager und nicht weniger als sieben Schanzanlagen – heute übrigens eine Fundgrube für Archäologen, denn die Anzahl der an diesen Stellen gefundenen Waffen und Alltagsgegenstände ist für die Zeit des Dreißigjährigen Krieges bislang einmalig.

Entsprechende Funde bezeugen einen hohen Lebensstandard der Heidelberger Bürger, die drei Tage dem mörderischen Treiben der bayerischen und kroatischen Truppen ausgesetzt waren und dabei systematisch ausgeraubt wurden. Neben den persönlichen Verlusten sorgte dabei noch eine andere Beute Tillys für großes Aufsehen bei diesem ersten Schlag gegen Heidelberg im Verlaufe des Krieges: die Bibliotheca Palatina – ehrfürchtig bezeichnet als *optimus literatae Germaniae thesaurus* („bedeutendster Bücherschatz des

Die Heidelberger Universitätsbibliothek, erbaut 1905

gelehrten Deutschland"). Papst Gregor XV. hatte sie längst ins Visier genommen, auch Kaiser Ferdinand und Maximilian von Bayern hatten Interesse gezeigt. Bereits im Dezember 1621 wurde verhandelt. Dass man die Büchersammlung vor Kriegsfolgen bewahren wollte, ist als Argument immer wieder zu hören. Tatsächlich dürften andere Werte eine größere Rolle gespielt haben. Für den Papst war die Bibliothek noch aus einem speziellen Grund interessant. Denn neben kostbaren

Handschriften mit Zeugnissen aus der antiken Literatur und der des Mittelalters, darunter die Manessische Liederhandschrift oder das berühmte Falkenbuch Friedrichs II., fand man in der Bibliotheca Palatina auch jede Menge reformatorisches Schriftgut. Und genau das wollte Gregor XV., der ein ehrgeiziger Glaubenskämpfer war, aus dem Verkehr ziehen, zumindest aber nicht weiterhin in einer Stadt wissen, in der der Protestantismus bislang starke Wurzeln geschlagen hatte.

Die Aktion des Vatikans, der sich als zukünftiger Besitzer der wertvollen Bücher und Handschriften bei seinen Verbündeten hatte durchsetzen können, war geradezu generalstabsmäßig geplant. Leon Allaci, der Abgesandte des Papstes, machte sich nach seinem Eintreffen in Heidelberg sogleich an die Arbeit. Gegen den Widerstand der Bevölkerung ließ er den wertvollen Schatz in 184 Kisten verpacken. Am 14. Februar 1623 war es soweit: 50 Ochsenwagen, beladen mit über 8000 Bänden, wurden in Bewegung gesetzt mit dem Ziel: die ewige Stadt am Tiber, wo sie schließlich in unversehrtem Zustand eintrafen. Seitdem lagert der größte Teil dieser Büchersammlung in der Bibliothek des Vatikans.

Handelte es sich nun um den womöglich größten Bücherraub der Geschichte? Oder letztlich doch um eine Rettung? Es war wohl beides zugleich. Die bei vielen Historikern nicht ganz so beliebte Frage nach dem „Was wäre wenn?" hat in diesem Fall immerhin für tröstliche Argumente gesorgt, die den Verlust für Heidelberg erträglicher machen. Denn die Vermutung ist nicht von der Hand zu weisen, dass bei einem Verbleib am Neckar die bedeutende Büchersammlung spätestens im Pfälzischen Erbfolgekrieg siebzig Jahre später zumindest teilweise ein Opfer der Flammen geworden wäre – Heiliggeistkirche und Schloss, die beiden Aufbewahrungsorte, waren bei diesem Feldzug der Franzosen jedenfalls stark betroffen.

Und schließlich: Ein, wenn auch kleiner Teil der Bibliotheca Palatina gelangte im 19. Jahrhundert doch wieder zurück in die Heidelberger Universitätsbibliothek. Zunächst mithilfe Napoleons, der im Frieden von Tolentino Papst Pius VI. gezwungen hatte, 500 Handschriften nach Paris zu geben, wovon 39 Exemplare aus der Palatina später wieder nach Heidelberg kamen. Auf noch verschlungeneren Wegen gelangte auch die Manessische Liederhandschrift Ende des 19. Jahrhunderts wieder zurück. Sie befand sich 1623 nicht unter den abtransportierten Bänden. Wahrscheinlich hatten Friedrich V. und seine Frau dieses äußerst kostbare Exemplar zuvor schon in ihren Privatbesitz gebracht. Später hat es Elisabeth, die nach dem Tod ihres Mannes unter erheblichen Geldsorgen litt, dann möglicherweise verkauft. Das vorerst letzte wichtige Kapitel dieser Bibliotheksgeschichte wurde 1986 geschrieben. In einer einmaligen Ausnahmesituation durchbrach die Vatikanische Bibliothek ihr Präsenzprinzip: Für eine Ausstellung aus Anlass des 600-jährigen Jubiläums der Universität Heidelberg 1986 konnte eine repräsentative Auswahl der Bibliotheca Palatina noch einmal auf den Emporen der Heiliggeistkirche aufgestellt werden. So mancher hitzige Lokalpatriot hätte die ausgeliehene Sammlung am liebsten gleich dabehalten.

Nach dem Dreißigjährigen Krieg

Der Dreißigjährige Krieg hatte Heidelberg freilich mehr als den Verlust einer, wenn auch hoch bedeutenden Büchersammlung beschert. Zum verursachten Zerstörungswerk hier und in der ganzen Kurpfalz gesellte sich ein spürbarer Bedeutungsverlust reichspolitischer Art: 1621 war dem im Exil weilenden Friedrich V. vom Kaiser per Reichsacht die Kurwürde entzogen und auf den Herzog von Bayern samt ihren Rechten übertragen worden – wenn man so will, ein später Triumph, nachdem die Münchner Linie dieser Dynastie durch die Goldene Bulle im 14. Jahrhundert diese einflussreiche Stellung im Heiligen Römischen Reich deutscher Nation zu Gunsten der sich in Heidelberg niederlassenden Pfalzgrafen bei Rhein vollständig eingebüßt hatte. Zwar schuf man im Westfälischen Frieden 1648, mit dem der Dreißigjährige Krieg offiziell beendet worden war, für den Pfälzer Herrscher wieder eigens eine achte Kurwürde. Doch der Machtverlust war nicht zu übersehen: in der Rangfolge nahm der Pfälzer nämlich jetzt den letzten Platz ein.

Erster Kurfürst neuen Zuschnitts wurde der im englischen Exil aufgewachsene Karl Ludwig (1649–1680), der älteste Sohn Friedrichs V. Als er im Oktober 1649 in Heidelberg einzog, zählte die stark verwüstete Stadt rund 300 Einwohner. Mit einer rigiden Finanzpolitik betrieb der neue Stadtherr den Wiederaufbau. Den Bevölkerungsverlust glich er unter anderem mit Zuwanderern aus, die vor allem aus der reformierten Schweiz kamen. Aus Heidelberg während des Krieges geflüchtete Pfälzer konnten teilweise wieder zur Rückkehr bewogen werden. Schloss und Stadt wurden wieder aufgebaut beziehungsweise renoviert, auch einige bemerkenswerte Neubauten kamen hinzu. Bei der Reanimierung Heidelbergs durfte die Universität natürlich nicht fehlen. Während der bayerischen Besatzungszeit war sie 1626 zunächst in eine katholische Hochschule umgewandelt und 1632 schließlich aufgelöst worden – 1652 konnte sie wiedereröffnet werden. Durch eine entsprechende Personalpolitik versuchte man, der Universität wieder zu überregionaler Ausstrahlung zu verhelfen. Mit der Berufung des bedeutenden Juristen Samuel Pufendorf, für den ein eigener Lehrstuhl geschaffen wurde, gelang ein Schritt in diese Richtung. In anderen Fällen – etwa beim Versuch, den Philosophen Spinoza an den Neckar zu locken – war man weniger erfolgreich.

Um Ausgleich war der Calvinist Karl Ludwig in religiösen Angelegenheiten bemüht. Der Westfälische Frieden hatte mit der Abschaffung des territorialstaatlichen Prinzips *cuius regio, eius religio* das unselige Wechselspiel der Konfessionen beendet, das der Stadt am Neckar im Dreißigjährigen Krieg unter bayerischer Besatzung zunächst wieder den Katholizismus beschert hatte, unter zwischenzeitlicher Herrschaft der Schweden wiederum die Bevorzugung der lutherischen Lehre. Der Heidelberger Kurfürst schien aus den Fehlern der Vergangenheit gelernt zu haben, indem er sich für eine Union aller drei christlichen Konfessionen stark machte. Davon zeugt beispielsweise die während seiner Amtszeit errichtete Konkordienkirche im benachbarten Mannheim, die Lutheranern, Reformierten und Katholiken gleichzeitig als Gotteshaus dienen sollte. In Heidelberg erhielt die lutherische Gemeinde einen Teil des Herrengartens zum Bau der Providenzkirche (1661 geweiht) – immerhin der erste Kirchenneubau nach der Reformation. Noch heute trägt die dort vorbeiführende Straße den Namen des Kurfürsten Karl Ludwig.

Die Ergebnisse der Aufbaupolitik nach dem Dreißigjährigen Krieg konnten sich durchaus sehen lassen. Doch eine den pfälzischen Sicherheitsinteressen dienende Verbindung mit dem expansiven und nach europäischer Vorherrschaft strebenden Frankreich sollte sich schließlich als verhängnisvolle Fehlkalkulation herausstellen: 1671 verheiratete Karl Ludwig seine Tochter Elisabeth Charlotte (1652–1722) – besser bekannt unter dem Namen Liselotte von der Pfalz – mit dem Herzog Philipp von Orléans, einem Bruder des „Sonnenkönigs“ Ludwig XIV. Ein Schuss, der nach hinten losging.

Als mit dem frühen Tod des kinderlos gebliebenen Kurfürsten Karl II., der als Nachfolger Karl Ludwigs in Heidelberg zwischen 1680 und 1685 regierte, die Linie Pfalz-Simmern im Mannesstamm erlosch, kam der in Düsseldorf beheimatete Wittelsbacher Philipp Wilhelm (1685–1690) aus der inzwischen wieder katholischen Linie Pfalz-Neuburg zum Zuge. Dessen Konfessionszugehörigkeit – der Katholizismus wurde abgesehen vom Ausnahmezustand Dreißigjähriger Krieg in der Kurpfalz immerhin seit Ottheinrichs Zeiten unterdrückt – war das kleinere Übel gegenüber den umfangreichen Erbansprüchen, die der französische König nun mit Verweis auf seine Schwägerin Elisabeth Charlotte auf den Tisch legte, obwohl diese auf ihre heimatlichen Erbansprüche verzichtet hatte. Und Ludwig XIV. war entschlossen. Bereits in den Jahren zuvor hatte er vermeintliche Besitzansprüche in der Grenzregion unter dem Stichwort „Reunion“ erfolgreich geltend gemacht. Als in der neuerlichen Angelegenheit auf friedlichem Wege keine Lösung zustande kam, marschierten im September 1688 französische Truppen in die Kurpfalz ein. Für Heidelberg und die gesamte Region sollte der Pfälzische Erbfolgekrieg in einer Katastrophe enden.

Die Briefe Liselottes von der Pfalz

Die gegen ihren Willen an den französischen Hof verheiratete Elisabeth Charlotte war zweifellos eine tragische Figur – dem geliebten Heidelberg entrissen, sah sie sich bald zum Spielball und Faustpfand eines Königs degradiert, der die Stadt am Neckar beinahe vollständig ausgelöscht hätte. Dass Liselotte von der Pfalz postum zu einer der populärsten Frauengestalten Heidelberger Geschichte wurde, lag sicher an diesem traurigen Schicksal. Unterstützt wurde das freilich noch durch eine gewaltige Briefsammlung, die sie nach ihrem Tod hinterließ. Denn diese gewähren einen direkten und unverstellten Einblick in das Leben der zumeist unglücklichen Prinzessin, zugleich führen sie ein in die inzwischen ferne Welt des französischen Hofes an der Wende zum 18. Jahrhundert. Die zumeist in einem abenteuerlichen Sprachmix aus Deutsch, Pfälzisch und Französisch verfassten Schreiben verhandeln kaum Politisches, dafür umso mehr Alltägliches – in Form von Anekdoten, Beobachtungen und Bekenntnissen. Ohne Umschweife berichtet sie von ihrer unglücklichen Ehe mit dem homosexuell veranlagten Philipp von Orléans, dann wieder gibt es eher lustige Geschichten wie die von der beleibten Herzogin, unter der in der Pariser Oper ein Stuhl zusammenbricht, woraufhin auch das Parkett nachgegeben haben soll. Doch der Kummer überwiegt. An ihre Halbschwester schreibt sie einmal: „Ich bitte, liebe Luise, kauft mir, wo es zu finden ist, eine landkart vom amt Heidelberg, lasst sie sauber auf ein tuch kleben, damit sie nicht zerreisst, und schickt sie mir." Gesehen hat Liselotte ihren Geburtsort, nach dem sie sich immer wieder zurücksehnte, nicht mehr.

Heidelberga deleta

Eine Politik der verbrannten Erde nennt man – fast ein wenig verharmlosend – das, was Ludwig XIV. bei seinem Einmarsch in die Kurpfalz praktizieren ließ: In bis dahin kaum gekannter Brutalität erfolgte eine planmäßige Verwüstung von Dörfern und Städten, von Burgen und Schlössern – das Ausmaß übertraf noch die Zerstörungen im noch nicht allzu lange zurückliegenden Dreißigjährigen Krieg. Doch obwohl dieser Vernichtungsfeldzug selbst von vielen Zeitgenossen als ungeheuerlich empfunden wurde und die Erinnerung daran noch lange die Beziehungen zu Frankreich belastete, lag eine solche Kriegsführung in der Luft. Bereits zwanzig Jahre zuvor hatte beispielsweise ein gewisser Raimund Montecuccoli, kaiserlicher Feldherr und Kriegstheoretiker, entsprechende Überlegungen angestellt, die heutzutage an terroristische Bedrohungsszenarien erinnern: Demnach könne man den „Feind" am wirksamsten bekämpfen, wenn man „seine Lager und Vorhöfe in Brand steckt, indem man pestbringende Dämpfe verbreitet, ringsum die Felder verheert, die Städte und Mühlen, das Wasser verdirbt, ihm ansteckende Krankheiten beibringt, endlich Streitigkeiten unter seinem Volk hervorruft." Eine Zermürbungstaktik, die also vor der Zivilbevölkerung nicht Halt macht. Daran orientierten sich die Franzosen.

Heidelberg selbst erlebte zwei Angriffswellen. Im Oktober 1688 wurde es zum ersten Mal von französischen Truppen unter Führung des Generals Graf Ezéchiel von Mélac eingenommen. Auch wenn die Verluste sich noch vergleichsweise in Grenzen hielten, wurden doch schon einige wichtige Bauwerke – darunter das Rathaus und der Dicke Turm auf dem Schloss – gesprengt. Nachdem sich die Armee Ludwigs XIV. zunächst wieder über den Rhein zurückgezogen hatte, da inzwischen kaiserliche Truppen sich in den Konflikt eingeschaltet hatten, kam es 1693 schließlich zur vollständigen Katastrophe. Bei einem erneuten Vorstoß im Mai wurde nun die gesamte Stadt ein Opfer der Flammen.

Der überforderte Stadtgouverneur Georg Eberhard von Heddersdorf hatte nach Verhandlungen die besten Stellungen in der Stadt kampflos räumen lassen und den Franzosen auch das Schloss übergeben. Was aber das Zerstörungswerk nicht verhinderte. Nur wenige Gebäude überstanden diesen Angriff – darunter die Peterskirche oder am Marktplatz das Haus zum Ritter, ein prachtvolles Gebäude im Renaissancestil, das der hugenottische Tuchhändler Charles Bélier rund hundert Jahre zuvor errichtet hatte. Die Bevölkerung wurde ausgeplündert, misshandelt oder getötet – die Zügellosigkeit war in diesem Krieg besonders hoch. Zu den grausamsten Szenen, die sich abspielten, gehörte das Einsperren einer großen Menschenmenge in der brennenden Heiliggeistkirche. Erst im letzten Moment, als bereits Glocken, Gewölbeteile und Balken in den Innenraum stürzten, wurde ein Tor nach flehentlichem Bitten des Pfarrers Johann Daniel Schmidtmann wieder geöffnet. Das freilich hatte zur Folge, dass nun alle Menschen auf einmal durch diese Öffnung zu entwischen versuchten, wobei viele erdrückt wurden – andere wiederum liefen direkt in die Arme der französischen Soldaten, die ihre Peinigungen daraufhin fortsetzten.

Im September 1693 erfolgte schließlich noch die mit großem Aufwand vorbereitete Sprengung des Schlosses und seiner Befestigungsanlagen, die allerdings aufgrund der schlechten Qualität des verwendeten Pulvers weit weniger schlimm ausfiel als zunächst befürchtet. Zuvor hatten rund 4000 Arbeiter die Ruinen der Stadt eingerissen. In Schutt und Asche fielen im Pfälzischen Erbfolgekrieg aber nicht nur Stadt und Residenz, sondern auch das Archiv. Der damit verbundene Verlust des amtlichen Gedächtnisses hat die Arbeit der Historiker, die über das Heidelberg vor der großen Katastrophe forschen, nicht gerade erleichtert.

Liselotte war wohl die Einzige am französischen Hof, die an dem Zerstörungswerk verzweifelte, ihre Briefe zeugen davon. Hatte sie den französischen König, den Bruder ihres Mannes, anfangs noch verehrt, so distanzierte sie sich jetzt. Dennoch bewahrte sie gegenüber Ludwig XIV. bis zu dessen Tod im August 1715 einen gewissen Respekt. Nach der Vernichtung Heidelbergs hatte dieser seinem Triumphgefühl zunächst mit einem Festgottesdienst in der Pariser Kirche Notre-Dame Ausdruck verliehen. Später ließ er eine Gedenkmünze prägen. Auf der Vorderseite prangt sein Konterfei mit den Worten *Rex dixit factum est* („Der König sprach, es ist geschehen"), auf ihrer Rückseite sieht man die klagende Stadtgöttin und den weinenden Flussgott mit der Umschrift: *Heidelberga deleta* („Heidelberg ist zerstört").

Neuaufbau und Residenzverlust: Heidelberg im 18. Jahrhundert

Auch wenn schon kurz nach der vollständigen Zerstörung Heidelbergs 1693 mehrere hundert Menschen – vor allem arme Handwerker, Fischer, Weingärtner – Keller und Ruinen der Stadt bezogen, muss man dennoch von einer Stunde Null sprechen: Wie es weitergehen würde, war ungewiss. Erste Weichen wurden 1697 durch den Frieden von Rijskwijk gestellt, mit dem man den Pfälzischen Erbfolgekrieg für beendet erklärte. Jetzt kam Kurfürst Johann Wilhelm (1690–1716) endgültig an die Reihe in der „gänzlich verbrannt, zerstöhrt und versengten Churpfälzischen Haupt- und Residenzstadt Heydelberg“. Er regierte allerdings vor allem von Düsseldorf, teilweise auch von Weinheim aus, wohin der Verwaltungsapparat verlegt worden war – das zerstörte Schloss auf dem Jettenbühl kam als Residenz natürlich nicht in Frage. Seine Hauptaufgabe für Heidelberg lautete: Wiederaufbau der Stadt. Und der war zunächst einmal notwendigerweise mit einem umfangreichen Städtebauprogramm verbunden.

Genutzt wurden dafür die noch vorhandenen Fundamente und Kellerwände, auf denen man im zeitgemäßen Architekturstil die neuen Häuser errichtete: Heidelberg erstand somit als Barockstadt auf mittelalterlichem Grundriss neu, ihr Gesicht hat sie ohne große kosmetische Veränderungen bis heute weitgehend bewahrt. Neben zahlreichen Wohngebäuden entstanden auch öffentliche Bauten, so beispielsweise das 1705 vollendete Rathaus am Marktplatz – als Provisorium hatte der Stadtverwaltung zunächst das Haus zum Ritter gedient, das aufgrund seiner massiven Steinbauweise den Pfälzischen Erbfolgekrieg, wie erwähnt, weitgehend unversehrt überstanden hatte. In dem in der Hauptstraße errichteten Palais Morass, das zunächst dem gleichnamigen Rektor der Universität als Wohngebäude diente, befindet

Neues Rathaus, 1705 errichtet im Zuge des Wiederaufbaus der Stadt nach dem Pfälzischen Erbfolgekrieg

sich seit 1908 das Kurpfälzische Museum der Stadt Heidelberg.

Doch nicht alle Bauvorhaben konnten verwirklicht werden. In einer Zeit, in der die Fürsten quasi auf der grünen Wiese große, weitläufige Schlossanlagen hochzogen, spielte auch Johann Wilhelm mit dem Gedanken, eine solch zeitgemäße Residenz für Heidelberg zu schaffen. Als Standort auserkoren war eine Ebene südlich des Neckars in Höhe des heutigen Altklinikums Bergheim. Die Pläne des venezianischen Architekten Matteo Alberti offenbaren ein gigantisches Vorhaben nach Versailler Vorbild. Dafür aber wollte die Heidelberger Bürgerschaft kein Geld ausgeben. Zuvor schon hatten sie den Plänen des Kurfürsten eine Absage erteilt, den Stadtplan nach barockem Ideal zu begradigen. Der Wiederaufbau auf dem vorgegebenen Grundriss war einfach kostengünstiger und schneller zu verwirklichen.

Einen besonderen architektonischen Akzent setzte dafür ein neues Viertel in der Kernaltstadt, das durch den nun geförderten Katholizismus ermöglicht wurde. Johann Wilhelm nämlich hatte die Jesuiten wieder nach Heidelberg geholt, die bereits während des Dreißigjährigen Krieges unter bayerischer Herrschaft hier ein Gymnasium gegründet hatten (unter den Schweden allerdings wieder vertrieben worden waren). Dem Bildungsauftrag und der Stadtseelsorge verschrieben, ließ die *Societas Iesu* ein nahezu geschlossenes Ensemble auf dem ehemaligen Universitätsgelände errichten, das mehrere Großbauten umfasste – fast alle wurden von dem bedeutenden Architekten Johann Adam Breunig entworfen: die Jesuitenkirche in der Merianstraße, das Jesuitenkolleg in der Kettengasse, das Jesuitengymnasium in der Augustinergasse sowie später noch das von Franz Wilhelm Rabaliatti geschaffene *Seminarium Carolinum* in der Seminarstraße – ein Wohn- und Unterrichtsgebäude für katholische Schüler. Auch anderen Orden (Kapuziner, Franziskaner, Dominikaner, Unbeschuhte Karmeliten, Augustiner-Chorfrauen und Dominikanerinnen) hatte der Kurfürst den Weg in die Kurpfalz geebnet, was zum ersten Mal nach der Reformation wieder zu vereinzelten Klostergründungen führte.

Das Wirken der Ordensgemeinschaften und der mit ihnen verbundenen Bruderschaften in Heidelberg steht zugleich für eine umfangreiche Re-Katholisierung der Stadt, die Rede ist auch von einer Gegenreformation. Zwar herrschte offiziell Religionsfreiheit gemäß dem Westfälischen Frieden, doch wurden die Protestanten – sie stellten trotz Anwachsen der katholischen Bevölkerung noch immer etwa zwei Drittel der rund 10 000 Einwohner zählenden Stadt – unter Johann Wilhelm stark unterdrückt. Eine Rechtfertigung dafür konnte der Kurfürst aus dem Friedensvertrag von 1697 ableiten. Infolge einer geheimen Absprache mit Ludwig XIV. war dort die so genannte Rijswijker Klausel verankert worden. Und die besagte, dass die Rückgabe der französisch besetzten Gebiete nur unter der

Bedingung erfolge, dass in der Kurpfalz der Katholizismus erhalten bleibe.

Die neuerliche Konfessionspolitik war facettenreich: Das im Oktober 1698 angeordnete Simultaneum etwa garantierte den Katholiken eine Mitbenutzung der reformierten und lutherischen Kirchen. Das wiederum führte (eine Pfälzer Spezialität) in großen Gotteshäusern zum Einbau von Trennwänden – in der Heiliggeistkirche wurde eine solche erst 1936 wieder entfernt. Für Streit unter den Gläubigen sorgten auch die unterschiedlichen Feiertage, bei denen stets mit kleinen (aber letztlich harmlosen) Sabotagen gerechnet werden musste. Äußerlich kann man die Ausbreitung des Katholizismus noch am heutigen Stadtbild ablesen. An vielen Häusern in der Altstadt befinden sich Madonnenstatuen – jeder Katholik, sofern er es sich leisten konnte, legte im 18. Jahrhundert damit sein öffentliches Bekenntnis ab. Auf dem Kornmarkt ließ Johann Wilhelms Nachfolger Karl III. Philipp (1716–1742) außerdem noch eine Mariensäule errichten, auf der unter anderem ein Jesusknabe zu sehen ist, der mit der Kreuzlanze eine Drachenschlange tötet. Die Inschrift lautet: „Noch Stein, noch Bild, noch Säulen hier, das Kind und Mutter ehren wir" – durchaus eine Provokation für bilderkritische Protestanten.

Die Kurfürsten wandern endgültig ab

Allzu viel konnte Karl Philipp mit Heidelberg aber nicht anfangen. Zwar setzte er zunächst die Anstrengungen seines Vorgängers Johann Wilhelm fort, die alte Residenz auf dem Jettenbühl wieder bewohnbar zu machen. Aber letztlich triumphierte der Zeitgeist. Es sollte doch ein großes Schloss auf der grünen Wiese sein. Die aber fand der neue Kurfürst nicht auf Heidelberger Gemarkung, sondern im benachbarten Mannheim. Dort sah er zugleich die Chance, diese Stadt nach barockem Ideal und damit auch im Hinblick auf sein kurfürstliches Repräsentationsbedürfnis auszubauen. Auslöser für einen Wechsel waren einmal mehr konfessionelle Streitigkeiten, bei denen ihm Zugeständnisse an die Protestanten abgerungen wurden – unter anderem ging es um den Heidelberger Katechismus und die Nutzung der Heiliggeistkirche, die der neue Kurfürst den Katholiken alleine überlassen wollte. Karl Philipp drohte mit Wegzug und gab schließlich 1720 Heidelberg als Residenzstadt auf – solle die Stadt am Neckar „bald einem Dorfe ähnlich sein", verlieh er seiner wachsenden Heidelberg-Abneigung Ausdruck. Da das Mannheimer Schloss sich noch im Bau befand, diente bis 1728 das etwa auf halbem Wege dorthin gelegene Schwetzingen als provisorischer Sitz des Kurfürsten.

Mit dieser Entscheidung aber war das Ende Heidelbergs als politisches Machtzentrum, dessen Niedergang seit Friedrich V. zu beobachten war, endgültig besiegelt. Der unmittelbare Schaden wirkte sich sowohl im Hinblick auf einen spürbaren Verlust an Renommee aus, hatte aber auch in ökonomischer Hinsicht erst einmal negative Folgen: Zahlreiche Behörden wurden abgezogen, der Hofstaat samt Personal verschwand ebenso wie das auf ihn spezialisierte Handwerk. Die anfängliche Begeisterung vieler Heidelberger darüber, dass sich der durchaus als liebenswürdig eingeschätzte Karl Philipp zunächst entschlossen hatte in ihrer Stadt mit ihrer Tradition zu residieren, wich nun einer beiderseitigen Ernüchterung. Heidelberg sank damit in den Rang einer Oberamts- und Landstadt mit nur wenigen Behörden ab.

Parallel zum politischen Bedeutungsverlust litt auch der Ruf der Universität. Die geradezu internationale Ausstrahlung als calvinistische Bildungs-Hochburg, die bereits im 17. Jahrhundert durch den Dreißigjährigen Krieg und seine Folgen erheblich gelitten hatte, war ohnehin längst Legende. Dominiert wurde die Heidelberger Hochschule jetzt aufgrund der veränderten politischen und konfessionellen Vorzeichen von den Jesuiten, die den Großteil der Lehrstühle besetzten. Auf wissenschaftliche Qualität wurde dabei offenbar weniger geachtet. „Die hohe Schul zu Heidelberg hat die Gebrechen des höchsten Alters: Stumpfheit und Untätigkeit", lautete noch Ende des 18. Jahrhunderts das harsche Urteil des Mediziners und Prorektors May. Immerhin, mit dem nach Kurfürst Johann Wilhelm benannten Kollegienhaus *(Domus Wilhelmiana)* bekam die Hochschule ein neues Hauptgebäude am Universitätsplatz. Heute befinden sich darin das Rektorat und das Universitätsmuseum. Die ebenfalls dort untergebrachte Aula, ein prachtvoller Festsaal im Stil der italienischen Renaissance, wurde 1886 anlässlich des groß gefeierten 500-jährigen Universitätsjubiläums errichtet.

Perkeo und die Großen Fässer

Auch wenn Karl Philipp Heidelberg um den (kurpfälzischen) Hauptstadt-Rang brachte, hat er der Stadt doch immerhin eine ihrer populärsten Gestalten beschert, die heutzutage als Symbolfigur der Heidelberger Fastnacht ihr Nachleben bestreitet: den zwergwüchsigen Perkeo. In Südtirol hatte der Kurfürst ihn kennen gelernt und in seine Dienste aufgenommen. Seit 1728 wirkte er schließlich auf dem Heidelberger Schloss als Wächter am Großen Fass. Zu seinem Namen gibt es folgende Legende: Auf die Frage, ob er das Fass alleine austrinken könne, soll er geantwortet haben: „Perché no?“ (ital. = warum nicht?). Der überdimensionale Weinbehälter, an dessen Seite Perkeo fortan zu finden war, gehört zu den frühesten Touristenattraktionen Heidelbergs. Gedacht war er zunächst aber tatsächlich als Lagerstätte: Neben Steuern mussten die Winzer dem Landesherrn nämlich stets auch einen Teil ihres Rebensafts in Form einer Naturalabgabe bereitstellen. Und um diesen zu deponieren, brauchte man natürlich ein großes Fass, das zugleich – der reichhaltige Schmuck zeugt davon – herrschaftlichen Repräsentationszwecken diente. Das Fass in Heidelberg gehörte zu den prachtvollsten und größten seiner Art in ganz Europa. Genau genommen waren es aber mehrere: Das erste Große Fass ließ Kuradministrator Johann Casimir 1591 errichten: 127 794 Liter betrug das Volumen, ein riesiges Kellergewölbe auf dem Schloss wurde eigens dafür gebaut. Im Zuge des Dreißigjährigen Krieges zerfiel das Fass aber, die beiden Nachfolgefässer hatten jeweils Probleme mit der Dichtung. Das vierte und letzte in dieser Reihe stammt schließlich von Carl Theodor aus dem Jahr 1751. Es ist das schmuckloseste, da die vorgesehene Verzierung aus unerfindlichen Gründen nicht zur Ausführung kam. Schon 1769 musste allerdings die Weinlagerung in diesem Fass aus den erwähnten Gründen wieder aufgegeben werden. Abgebaut wurde es aber nicht, sondern als Attraktion für Besucher erhalten. Bis heute.

Großes Fass auf dem Schloss, errichtet 1751.
Gouache von Peter Friedrich von Walpergen

Carl Theodor sei Dank

Wenn es nach Adolph Freiherr Knigge gegangen wäre, hätte Heidelberg seinen Residenzstatus behalten. Der aus Norddeutschland stammende Schriftsteller, den man heute fast nur noch mit Verhaltensregeln für richtiges Benehmen in Verbindung bringt, war nämlich ein erklärter Liebhaber der Stadt am Neckar. Folglich konnte er mit der kurfürstlichen Vorliebe für das benachbarte Mannheim nicht viel anfangen. „Diese Stadt“, schreibt er in *Der Roman meines Lebens*, „ist völlig nach der Schnur gezogen, sieht aus wie ein Waffelkuchen, ganz einförmig.“ Heidelberg wird dagegen bei Knigge geprie-

Absender:
(Bitte in Druckschrift)

(Name)

(Vorname)

(Straße/Hausnr.)

(PLZ/Ort)

Diese Karte entnahm ich dem Buch:

Bitte frei-machen

Antwortkarte

VERLAG
FRIEDRICH PUSTET

93008 Regensburg

sen: „Dann die Gegend; der Anblick vom hohen zertrümmerten Schlosse hinunter; der eingestürzte Thurm; unten die Stadt am Neckar; die weite Gegend; die majestätischen Gebirge, Waldungen, Weinberge; der Wolfsbrunnen! – O! man muß es gesehen, muß aber auch den Sinn für so etwas haben“. Keine Frage, für ihn lag hier die „wahre Residenz“.

Knigge, der zwischen 1783 und 1786 im „herrlichen Heidelberg“ lebte, wurde in der Hauptstadtfrage natürlich nicht konsultiert. Und so berechtigt seine lautstark geäußerte Kritik an der Politik des gerade regierenden Kurfürsten in mancherlei Hinsicht auch gewesen sein mag: Unter dem Kunstliebhaber Carl Theodor (1743–1799), der unter anderem dem befreundeten Voltaire an seinem Hof Zuflucht gewährte, erlebte die Kurpfalz, die rund zwanzig Jahre später von der Landkarte verschwinden sollte, in wirtschaftlicher und kultureller Hinsicht ihre letzte große Blüte. Davon profitierte auch Heidelberg. Zwar hatten seine beiden in der Heidelberger Bevölkerung eher unbeliebten Vorgänger in Sachen Wiederaufbau durchaus ordentliche Arbeit geleistet. Doch Carl Theodor bescherte, wenn man so will, der Stadt noch ein paar Sahnehäubchen.

Neben dem bereits erwähnten *Seminarium Carolinum* schuf der kurfürstliche Hofarchitekt Rabaliatti die prächtige Fassade der Jesuitenkirche (deren Turm wurde erst 1872 vollendet). Am westlichen Eingang der Stadt entstand außerdem das Mannheimer Tor, am anderen Ende der Hauptstraße – am Ausgang ins Neckartal – ließ die Heidelberger Bürgerschaft durch Nicolas de Pigage, der insbesondere beim Schwetzinger Schlossausbau seine Handschrift hinterlassen hat, schließlich noch das Karlstor zwischen 1775 und 1785 errichten. Gedacht war es als Dankeschön für die wirtschaftliche Belebung der Stadt unter Carl Theodor, der durch Privilegien, Steuervergünstigungen und günstige Kredite Heidelberg immerhin zur stärksten Industriestadt in der Kurpfalz nach Kaiserslautern verholfen hatte: Manufakturen und kleinere Fabriken erlebten einen Aufschwung, der allerdings mit dem Wegfall der Subventionspolitik schnell wieder abebbte. Die Wirtschaftspolitik des Kurfürsten war eher auf tönernen Füßen gebaut.

Alte Brücke

Die wichtigste Zutat zum Heidelberger Stadtbild ließ Carl Theodor mit jener Brücke errichten, die zunächst seinen Namen trug und inzwischen zu einem Wahrzeichen geworden ist. Nach zweijähriger Bauzeit konnte sie 1788 ihrer Bestimmung übergeben werden. Der Verschleiß war aufgrund von Eisgang und Hochwasser bis dahin enorm gewesen: Nicht weniger als acht hölzerne Vorgängerinnen fanden sich seit dem 13. Jahrhundert anstelle der Carl-Theodor-Brücke, über die man direkt zum Marktplatz gelangt. Und so machte man nach Zerstörung der letzten Holz-Konstruktion 1784 Nägel mit Köpfen. Der kurpfälzische Bauinspektor Mathias Mayer konnte sich mit seinem Vorschlag durchsetzen, durch einen soliden Steinbau die Stabilität erheblich zu verbessern. Kein billiges Unterfangen übrigens: Mit 165 282 Gulden avancierte der Flussübergang neben dem Mannheimer Schloss zum teuersten Bauwerk in der damaligen Kurpfalz – den Bürgern wurde dafür sogar eine Sondersteuer auferlegt. Ausgezahlt hat sich die Investition aber schon – nicht nur in technischer, sondern auch in ästhetischer Hinsicht: Vor allem die gewölbte Form verfehlt ihre Wirkung bis heute nicht. Die ursprünglich spitzen Kegeldächer des stadtseitigen Brückentors wurden beim Umbau 1788 durch barocke Turmhelme ersetzt. Zur „Alten Brücke", wie sie inzwischen genannt wird, wurde sie 1877 durch die Errichtung der heutigen Theodor-Heuss-Brücke, die weiter westlich liegt – in ihrer Nähe befand sich auch der erste feste Neckarübergang zur Römerzeit.

Auf der Alten Brücke wendet der in Stein verewigte Carl Theodor seinen Blick in Richtung Schloss. Fast so, als wolle er damit auf ein Heidelberger Bauprojekt seiner Amtszeit verweisen, das gescheitert ist. Denn Carl Theodor hatte nach Übernahme der Kurwürde Gefallen an der Idee gefunden, die Anlage auf dem Jettenbühl zu einer Art Sommerresidenz auszubauen, so wie er es auch mit Schwetzingen getan hat. Doch ein Blitzschlag im Jahr 1764 mit verheerender Zerstörungskraft wurde als böses Omen gedeutet, die schon begonnenen Renovierungsarbeiten stellte man daraufhin ein.

Eine weitere Chance für das Schloss, noch einmal am kurfürstlichen Glanz teilzuhaben, gab es nicht mehr. Als 1777

Heidelberger Wahrzeichen: Carl-Theodor-Brücke,
heute besser bekannt unter dem Namen Alte Brücke

die bayerischen Wittelsbacher ausstarben, verlegte Carl Theodor, der Erbe, seine Residenz nach München, was wiederum für Mannheim einen schweren Schlag bedeutete. Und damit nicht genug: Infolge der Koalitionskriege nach der Revolution von 1789 sicherten sich die Franzosen die linksrheinische Pfalz und gliederten sie als Teil des Départements Mont-Tonnere in den französischen Staatsverband ein (bis 1815). Das endgültige Aus für die Kurpfalz kam dann mit dem Reichsdeputationshauptschluss von 1803. Die rechtsrheinischen Gebietsteile mit den Städten Heidelberg, Mannheim, Schwetzingen und Weinheim wurden überwiegend dem schließlich zum Großherzogtum aufgewerteten Baden zugeschlagen und fortan von Karlsruhe aus regiert.

Stadt der Romantik – romantische Stadt: Heidelberg im 19. Jahrhundert

Einen Schönheitspreis hätte man Heidelberg im 18. Jahrhundert wohl nicht verliehen, zumindest nicht zu dessen Beginn. Als eng und beschränkt empfanden nicht wenige die Lage der Stadt. Sie entsprach trotz ihrer barocken Fassadengestaltung eben nicht den ästhetischen Idealen der Zeit. Ganz im Gegensatz zur benachbarten Quadratestadt Mannheim, die der einstigen Hauptstadt der Kurpfalz somit auch in dieser Hinsicht den Rang abgelaufen hatte. Doch an der Wende zum 19. Jahrhundert findet so etwas wie ein Paradigmenwechsel statt. Der begeisterungsfähige Knigge wurde bereits zitiert – er stand mit seiner Meinung nicht alleine. Denn langsam aber sicher rückt Heidelberg nun doch als schöne Stadt ins Bewusstsein vieler Besucher: Die reizvolle Lage am Talausgang des Odenwaldes, die Versöhnung von Enge und Weite, die harmonische Dreigliederung von Berg, Ebene und Fluss – akzentuiert durch Schloss, Altstadt und Alte Brücke – ließen so manchen Betrachter an jene „klassischen" Landschaften denken, wie sie etwa in der Malerei eines Claude Lorrain und seiner Nachfolger im 17. Jahrhundert entworfen worden waren. „Die Stadt in ihrer Lage und mit ihrer ganzen Umgebung hat, man darf sagen etwas Ideales, das man sich erst recht deutlich machen kann, wenn man mit der Landschaftsmalerei bekannt ist, und wenn man weiß, was denkende Künstler aus der Natur genommen und in die Natur hineingelegt haben", schrieb Johann Wolfgang Goethe 1797 in sein Reisetagebuch. Bedeutende Maler dieser Zeit wie Carl Philipp Fohr, Ernst Fries, Carl Rottmann, George Augustus Wallis bis hin zu William Turner haben das in ihren Heidelberg-Ansichten umgesetzt. Die Stadt am Neckar war plötzlich wieder en vogue.

Frischer Wind kam auch aus der Politik nach der von Napoleon erzwungenen Neuordnung Südwestdeutschlands.

Platz am Brückentor mit Blick in die Steingasse und auf die Heiliggeistkirche. Aquarell von Friedrich Rottmann, um 1806

Der bei den Kurpfälzern nicht unbeliebte neu-badische Landesherr Karl Friedrich (1803–1811) stieß mit seiner Bildungsoffensive in Heidelberg etwas an, worin manche einen Ersatz für den verloren gegangenen Residenzstatus sehen. Denn der spätere Großherzog sorgte für eine umfassende Wiederbelebung der gleich in mehrfacher Hinsicht in eine Existenzkrise geratenen Universität. Zuvor hatte schon der Heidelberger Stadtrat in einer Eingabe an den damals noch zuständigen Kurfürsten Maximilian Joseph darum gebeten, die „Wieder-Emporbringung der vormals so berühmt izt gegen alle ihre übrigen Schwestern in Deutschland so tief im Schatten stehenden Universität zu fördern".

Was schließlich unter badischer Ägide in Angriff genommen wurde, kam praktisch einer Neugründung gleich. Inhaltlich erfolgte die Modernisierung aus dem Geist des Neuhumanismus, ihr *spiritus rector* war der badische Staatsmann Sigismund von Reitzenstein, der den Ideen Humboldts nahe stand. Karl Friedrich in seiner Funktion als Regierungschef übernahm selbst das Rektoramt. Staatsfinanzierung löste Eigenfinanzierung ab – Heidelberg wurde zur Landesuniversität. Ihren Ausdruck fand diese gewaltige Umgestaltung auch in einem neuen Namen, der sowohl an den mittelalterlichen Stifter wie den neuzeitlichen Reformer erinnert: Ruprecht-Karls-Universität wird sie seitdem genannt, oft auch in der ursprünglichen lateinischen Fassung: *Ruperto Carola*.

Zu den von Karl-Friedrich angestoßenen Maßnahmen zählten die finanzielle Sanierung wie eine institutionelle Neuorganisation. Aufgehoben wurde auch die konfessionelle Bindung (außer natürlich in der Theologischen Fakultät). Eine geschickte Berufungspolitik bescherte der Universität zudem eine Vielzahl prominenter Professoren, die ihrerseits zum schnell wieder anwachsenden wissenschaftlichen Renommee beitrugen und einen erheblichen Zulauf von Studenten bewirkten. Das Einzugsgebiet beschränkte sich dabei nicht auf badisches Territorium. Bei rund 350 pro Semester lag die Anzahl der Immatrikulationen bis 1848, in manchen Jahren gab es sogar Spitzenwerte von bis zu 800 Studenten – in der Größenordnung vergleichbar waren damals die Universitäten Tübingen und Bonn. Und die Personalverzeichnisse lesen sich wie ein „Who's Who": In Heidelberg lehrten und forschten im 19. Jahrhundert beispielsweise der Philosoph Georg Wilhelm Friedrich Hegel, der Historiker Heinrich von Treitschke, der Jurist Justus Thibaut, der Chemiker Wilhelm Bunsen sowie die Physiker Hermann von Helmholtz und Gustav Kirchhoff, um nur einige wenige Gelehrte namentlich zu nennen, die die Stadt am Neckar zu einer ersten Adresse in der internationalen Wissenschaftswelt machten.

Dichter und Denker

Im April 1804 schreibt Friedrich Creuzer, seit kurzem Professor für Klassische Philologie an der neu organisierten Ruprecht-Karls-Universität, einen Brief an den Dichterfreund

Clemens Brentano, in welchem er diesem Heidelberg als Wohnsitz empfiehlt. Der Gedanke sei Creuzer bei Spaziergängen durch das Schloss gekommen, dessen „mächtige Ruinen" ihm „unsere neudeutsche Kleinheit" haben fühlen lassen. Schließlich sei er zu der Auffassung gelangt, „dass diese Stadt ein Ort für Männer sei, die das alte große Teutschland in ihrem Herzen tragen [...], die den alten Romantischen Gesang in seiner Tiefe aufzufassen und auf eine würdige Weise wieder zu beleben vermögen." Das überzeugte Brentano und er siedelte schon wenige Monate später in die badische Universitätsstadt über. Ihm folgten Gleichgesinnte wie etwa Achim von Arnim oder Joseph von Görres. Literaturhistoriker haben diese Gruppe von Dichtern und Denkern im Nachhinein unter dem Begriff „Heidelberger Romantik" zusammengefasst und die Beschwörung nationaler Volkskultur zu ihrem Programm erklärt.

Dazu zählt man vor allem die von Arnim und Brentano herausgegebene Sammlung *Des Knaben Wunderhorn*, die in drei Bänden beim Heidelberger Verlag Mohr und Zimmer erschien. „Alte deutsche Lieder" lautete der Untertitel und deutete die identitätsstiftende Aufgabe als eine Art nationales Gesangbuch an. Nicht alle darin enthaltenen Gedichte waren zwar alt, ja noch nicht einmal deutsch. Auch verließen sich die beiden Herausgeber nicht ausschließlich auf mündlich tradiertes Volksgut, sondern bezogen sowohl bereits publizierte Gedichte nachweisbarer Verfasser (ohne Namensnennung) wie auch eigene Lyrik mit ein. Doch die Literaturkritiker waren begeistert. Und Heinrich Heine rühmte: „In diesen Liedern fühlt man den Herzschlag des deutschen Volkes. Hier offenbart sich all seine düstere Heiterkeit, all seine närrische Vernunft. Hier trommelt der deutsche Zorn, hier pfeift der deutsche Spott, hier küßt die deutsche Liebe. Hier perlt der ächt deutsche Wein und die ächt deutsche Thräne." Nur so mancher Professor war entsetzt und tadelte lautstark die vermeintlich unwissenschaftlichen Methoden der beiden Herausgeber. So beispielsweise der berühmte Heidelberger Philologe Johann Heinrich Voss. Er war auch eine Schlüsselfigur in der Auseinandersetzung um diese Geistesbewegung, die schließ-

Titelblatt des zweiten Bandes von „Des Knaben Wunderhorn". Die dreibändige Liedersammlung erschien zwischen 1806 und 1808 im Verlag Mohr und Zimmer

lich den Wegzug vieler Romantiker aus Heidelberg zur Folge hatte.

Die erhoffte volkstümliche Verbreitung blieb dem *Wunderhorn*-Projekt zwar versagt – ganz im Gegensatz etwa zu der vergleichbaren Märchensammlung der befreundeten Brüder Jacob und Wilhelm Grimm. Beliebt war die Liedersammlung Brentanos und Arnims aber dennoch, was eine weitverzweigte Wirkungsgeschichte belegt – Gustav Mahler etwa, um nur ein Beispiel zu nennen, vertonte Jahrzehnte später eine Auswahl von Gedichten. Und bis heute ist diese Anthologie *die* Signatur, derer man sich zuerst vergewissert, wenn man an die in Heidelberg vorübergehend ansässigen Romantiker erinnert.

Die Vergegenwärtigung und Aneignung alter Kultur im Kontext romantischer Traditionsbildung lässt sich auch an der zwischenzeitlich in Heidelberg untergebrachten und von Goethe bewunderten Sammlung der Brüder Sulpiz und Melchior Boisserée ablesen, die in programmatischer Absicht altdeutsche und altniederländische Gemälde vom 13. bis 16. Jahrhundert zusammengetragen hatten. Zu sehen waren die rund 200 Werke bis 1819 in einem inzwischen nach ihnen benannten Palais in der Hauptstraße 209, in dem sich heute das Germanistische Seminar der Ruprecht-Karls-Universität befindet. Besucht wurde diese Galerie auch von hochrangigen Staatsmännern: 1815 hatten die Alliierten gegen Napoleon zeitweise ihr Hauptquartier in Heidelberg aufgeschlagen. Und dabei ließen es sich die Vertreter dieser „Heiligen Allianz“, darunter Kaiser Franz von Österreich und Zar Alexander von Russland, nicht nehmen, die Sammlung der Boisserées persönlich in Augenschein zu nehmen. Später wurden die Gemälde, als sie allerdings schon nicht mehr in Heidelberg waren, schließlich an den bayerischen König Ludwig I. verkauft – sie kamen nach München, wo sie den Grundstock der Alten Pinakothek bildeten.

Ebenfalls weitgehend unabhängig von dem Kreis um Creuzer, Brentano, Arnim und Görres hielt sich schließlich der romantische Dichter Joseph von Eichendorff zu dieser Zeit in Heidelberg auf – er studierte ab 1807 für ein Jahr Jura an der Ruperto Carola wie rund zwanzig Jahre später auch Robert

Schumann, den es zur Musik drängte. Für Eichendorff wurde die Stadt am Neckar zu einer Art poetischem Ur-Erlebnis – hier begann er sich ernsthaft der Literatur zu widmen. Eichendorff ließ sich vom Landschaftserlebnis mitreißen, die Stadt wurde ihm darüber zur Chiffre: „Heidelberg ist selbst eine prächtige Romantik; da umschlingt der Frühling Haus und Hof und alles Gewöhnliche mit Reben und Blumen, und erzählen Burgen und Wälder ein wunderbares Märchen aus der Vorzeit, als gäb' es nichts Gemeines auf der Welt.“

Heidelberg im Gedicht

„Wohl keine Stadt des Vaterlandes kann sich ähnlicher Huldigungen rühmen.“ Mit diesen emphatischen Worten leitete Albert Mays seine zum 500-jährigen Universitätsjubiläum 1886 vorgelegte Anthologie mit literarischen Texten zu Heidelberg ein. Die Stadt am Neckar erfuhr, gerade im 19. Jahrhundert, eine ungewöhnlich breite Zuwendung von Lyrikern, die ihr Stadtlob in Versen formulierten – Oswald von Wolkenstein hatte im späten Mittelalter ja damit begonnen. Merkwürdigerweise hielten sich dabei die bedeutendsten Dichter unter ihnen jeweils nur kurze Zeit am Neckar auf, sei es als Student für ein paar Semester oder anlässlich einer Reise. Neben den bereits genannten Romantikern Brentano oder Eichendorff wurden an diesem Ort literarisch inspiriert: Johann Wolfgang Goethe (insgesamt achtmal zwischen 1775 und 1815 hielt er sich am Neckar auf), Friedrich Hebbel, Gottfried Keller, Nikolaus Lenau, Joseph Victor von Scheffel, Gustav Schwab, Ludwig Uhland und viele mehr. Sogar die Kaiserin Elisabeth von Österreich, genannt „Sisi“, hat ein „Heidelberg“-Gedicht geschrieben. Den Rang einer inoffiziellen Stadthymne aber nimmt die 1801 veröffentlichte „Heidelberg“-Ode von Friedrich Hölderlin ein. Seine berühmten Verse gehören zum ungeschriebenen Kanon deutschsprachiger Lyrik. Die erste Strophe lautet:

Lange lieb' ich dich schon, möchte dich, mir zur Lust,
Mutter nennen, und dir schenken ein kunstlos Lied,
Du der Vaterlandsstädte
Ländlichschönste, so viel ich sah.

Über Hölderlins Aufenthalte in Heidelberg – allesamt auf der Durchreise – ist nur wenig bekannt. Seine Ode aber hat tiefe

Spuren hinterlassen. Auch beim Schreiben über die Stadt am Neckar. Wendungen aus seinem Gedicht oder Paraphrasierungen desselben findet man sowohl in elaborierten Darstellungen wie in einfachen Reiseführern.

Das Schloss und der Fremdenverkehr

Die Wiederentdeckung Heidelbergs war vor allem auch eine Wiederentdeckung des Schlosses beziehungsweise seiner Überreste – wie schon bei den Romantikern beobachtet werden konnte. Bereits Ende des 18. Jahrhunderts war es ins Visier national gesinnter Geister gekommen, die in der Ruine ein Symbol französischer Feindseligkeit sahen und das Heidelberger Schloss zu einem nationalen Denkmal erhoben. 1778 hatte Christian Friedrich Daniel Schubart geschrieben: „Wer von hier aus nicht einen Fluch nach Frankreich hineinschleudert, [...] der kann unmöglich ein biederer Deutscher

Ruinenromantik. Lithographie von Ernst Fries, 1820

sein." Und so wurde in der Folgezeit das Schloss immer wieder zum Anlass nationaler Kundgebungen mit anti-französischem Akzent genommen. Noch Otto von Bismarck, der spätere Reichskanzler, berichtet in seiner Autobiografie, dass ihn der Besuch Heidelbergs in jungen Jahren „rachsüchtig und kriegslustig" gestimmt habe.

Dass die Schlossruine aber überhaupt als Denkmal erhalten blieb, war nicht selbstverständlich und ironischerweise gerade einem Franzosen zu verdanken. Eigentlich war von der Regierung in Karlsruhe schon der Abriss beschlossen worden, die Bevölkerung nutzte das Bauwerk geschichtsvergessen als Steinbruch. Wenn da nicht Charles François de Graimberg (1774–1864) gewesen wäre. Der französische Graf, der infolge der Revolution von 1789 emigriert war, hatte sich mit seiner Familie in Heidelberg niedergelassen. Und ihm wurde schließlich die Erhaltung der Schlossruine und ihre Nutzung als touristische Attraktion zu einer Lebensaufgabe. Graimberg erkannte das Schloss als pittoreske Schönheit und sorgte dafür, dass es als Bildmotiv eine große Präsenz erfuhr. Seine zum Kauf angebotenen Kupferstiche (Details und Ansichten) wurden – gleichsam als Vorläufer der Postkarten – in Form von Stichen massenhaft verbreitet. Ferner unterstützte er den ersten Schlossführer, der 1819 erschien. Sein denkmalpflegerisches Engagement in der ersten Hälfte des 19. Jahrhunderts mündete schließlich in institutionelle Bahnen (etwa durch die Gründung eines Schlossvereins) und brachte die konservatorische Betreuung durch den badischen Staat mit sich. Mit Graimberg wurde der ästhetische Blick des romantischen Künstlers wohl am nachhaltigsten popularisiert.

Sollte man das Schloss wieder aufbauen?
Vollständig im Klaren darüber, wie man mit der schließlich geretteten Heidelberger Schlossruine letztlich umgehen sollte, war man sich zunächst nicht, wie eine lang anhaltende Auseinandersetzung in der zweiten Hälfte des 19. Jahrhunderts zeigt. In seinem „Wort an die Deutschen" (1868 in der „Kölnischen Zeitung" abgedruckt) hatte Wolfgang Müller von Königswinter nationalpolitische und kunsthistorische Argumente zu einem leidenschaftlichen Plädoyer verquickt: „Das Heidelberger Schloss

soll keine Ruine bleiben!“ Schritte in diese Richtung wurden in der Folgezeit auch unternommen, so etwa die umstrittene Wiederherstellung des weniger zerstörten Friedrichsbaus, zumindest in Teilen. Doch blieb das nicht unwidersprochen. In einer kontrovers geführten Debatte mit nationaler Reichweite prallten in exemplarischer Weise die unterschiedlichen Möglichkeiten der Denkmalpflege aufeinander: Restaurierung als Tilgung einer vermeintlichen Demütigung durch die Franzosen oder Konservierung der Ruinengestalt im Sinne eines Mahnmals? Am subtilsten argumentierte Georg Dehio. Auf der Grundlage seines Denkmalverständnisses, das dem dokumentarischen Charakter Vorrang gegenüber der ursprünglichen Bauidee einräumt, hob er den „Stimmungsakkord des Ganzen“ hervor, der eben gerade durch die „Spuren des Erlebten“ ein unveränderliches Maß an Authentizität erlangt habe. Dehios Argumente spielten in diesem „Schloss-Streit“, der in mehreren Fachkonferenzen um 1900 seinen Höhepunkt erreichte, eine große Rolle beim Verhindern eines Wiederaufbaus. Denn der bekannte Kunsthistoriker konnte sich schließlich mit seinen Argumenten auf dem entscheidenden VI. Tag für Denkmalpflege 1905 in Bamberg durchsetzen – durchaus ein Wendepunkt beim Umgang mit historischen Bauten: In vergleichbaren Fällen (Kölner Dom, Marienburg) hatte man noch anders gehandelt.

Graimberg, dessen zwischenzeitlich auf dem Schloss ausgestellte Sammlung kurpfälzischer und kurfürstlicher Erinnerungsstücke (Medaillen, Urkunden, Herrscherporträts, Möbel, Silber, Porzellan etc.) den Grundstock des 1908 im Palais Morass eröffneten städtischen Museums bildete, hat durch seine Aktivitäten sicherlich einen großen Einfluss auf die Entfaltung des Heidelberg-Tourismus im frühen 19. Jahrhundert gehabt. Neben Reiseführern sind aus dieser Zeit auch schon verschiedene Souvenirs überliefert: Stadt und Schloss begegnen beispielsweise auf Desserttellern und Mokkatassen. Und als Wilhelm Busch seine *Fromme Helene* 1872 veröffentlicht, ist die Stadt als Touristenmetropole längst etabliert: „’s war Heidelberg, das sich erwählten/ Als Fremdenort die Neuvermählten. –/ wie lieblich wandelt man zu zwein/ Das Schloß hinauf im Sonnenschein.“ Natürlich besucht das junge Paar in Buschs Bildergeschichte auch das Große Fass.

Einen richtigen Schub erhielt der Heidelberg-Tourismus durch den Anschluss der Stadt ans Eisenbahnnetz – den Auftakt bildete 1840 die Linie Mannheim-Heidelberg als erste badische Staatsbahn, drei Jahre später erfolgte eine Verbindung nach Karlsruhe. Nun konnte man einigermaßen schnell, bequem und auch preiswerter als bislang anreisen. Um den damaligen Kopfbahnhof, erbaut im Bereich der heutigen Kurfürstenanlage (an der alten Stadtgrenze im Westen), gruppierten sich nach und nach große Hotelbauten, so direkt an den Gleisanlagen das Hotel Schrieder und der Europäische Hof, der bis heute unter diesem Namen existiert. 1877 wurde auf der gegenüberliegenden Seite (Rohrbacher Straße 11) das prächtige Grand Hotel eröffnet, in dem sich inzwischen die Heidelberger Polizeidirektion befindet. Mit der Eröffnung der Odenwaldbahn 1862 ins Neckartal wurde aus dem Kopfbahnhof schließlich eine Durchgangsstation. Die Errichtung des Bahnhofs war ferner der Auftakt für eine erneute Stadterweiterung in Richtung Westen. Neben den Gleisanlagen entstand auf der einen Seite die Weststadt, auf der anderen (in Richtung Neckar) der Stadtteil Bergheim, wo die Universität seit den 1870er-Jahren einen umfangreichen Krankenhauskomplex unterbrachte – mit rund fünfzig Gebäuden stellte er zu seiner Zeit eine der modernsten Krankenhausanlagen Europas dar.

Wenig Industrie, aber politisch engagiert

Heidelberg – nach Mannheim, Karlsruhe und Freiburg die viertgrößte Stadt im Großherzogtum Baden – blieb auch im 19. Jahrhundert noch landwirtschaftlich geprägt. Angebaut wurden in diesem Raum vor allem Hopfen, Mais, Mohn, Tabak, auch Obst und Wein. Es dominierte das traditionelle und vorerst immer noch in Zünften organisierte Handwerk. Neben dem Fremdenverkehrsgewerbe spielte noch das Verlags- und Druckereiwesen eine wichtige Rolle, das von der hier ansässigen Universität profitierte. Große Betriebe dagegen waren kaum zu finden. Eine Statistik aus dem Jahr 1829 verzeichnet für Heidelberg sechs Fabriken – darunter drei Tabak-

Der alte Hauptbahnhof. Aquatinta von J. J. Tanner

fabriken –, in denen aber nur 27 Arbeiter beschäftigt waren. Rund 20 Jahre später waren es zwar schon 392 Beschäftigte in 14 Fabriken. Das ist bei knapp 15 000 geschätzten Einwohnern in dieser Zeit freilich immer noch ein kleiner Wert. Viel änderte sich daran in den nächsten Jahrzehnten nicht, wenn auch entlang der neuen Gleisanlagen sich einige größere Unternehmen ansiedelten, darunter immerhin die traditionsreiche Waggonfabrik Fuchs. Die Ausmaße blieben aber vergleichsweise bescheiden. Und auch wenn die Zahlen bis Ende des 19. Jahrhunderts eine deutliche Stärkung Heidelbergs als Industriestandort belegen, ein wirklicher Durchbruch in dieser Richtung erfolgte nie.

Dass die Stadt am Neckar nicht im großen Stil an der Industrialisierung teilnahm, geschah tatsächlich schon aus Sorge um das als Kapital betrachtete Landschaftsbild, mit dem nicht zuletzt Touristen angelockt werden konnten. Zudem entwickelte sich Heidelberg zu einer attraktiven Wohnstadt, vor allem für wohlhabende Bürger. Ebenso als Alterssitz war sie beliebt, weshalb man später schon mal spöttisch von „Pensionopolis“ sprach. Rauchende Schlote hätten diesem Ruf zweifellos geschadet. Und so musste auf Drängen der Stadt auch das in Bergheim angesiedelte „Portland Cementwerk“ wegen seiner Ruß- und Kalkstaubemissionen ins benachbarte Leimen umziehen, nachdem es 1895 abgebrannt war. Der Sitz der Geschäftsleitung des heute weltweit agierenden Konzerns verblieb jedoch am Neckar.

Theater in der Stadt

Vereinzelte Schauspiel-Aufführungen in Heidelberg sind zwar schon seit dem 15. Jahrhundert überliefert – veranstaltet vor allem von Studenten oder fahrenden Schauspielgruppen. Doch eine Institution Theater mit festem Haus, festem Spielplan und mehreren Sparten kam erst Mitte des 19. Jahrhunderts zustande. Erste Pläne hatte es zwar bereits um 1806 gegeben, aber insbesondere die Stadt Mannheim wehrte sich gegen mögliche Konkurrenz für ihr berühmtes Nationaltheater. Der badische Staat sah das ähnlich. In seiner ablehnenden Haltung schwang allerdings mehr die Sorge um das Seelenheil der Bevölkerung mit: „Ein gute Schauspieltruppe wird sich nicht halten können, eine schlechte wird Geschmack und Sitten nicht bilden und verfeinern; der Schauspielsaal wird zum Tummelplatz ungezogener ausgelassener Studenten heruntersinken, der Zeitvertreib hinter den Kulissen wird mehr anziehen als das Spiel auf der Bühne.“ Doch ließen sich die Heidelberger nicht entmutigen. Eine Bürgerinitiative kämpfte hartnäckig für eine eigene Bühne. Verschiedene Anläufe wurden unternommen, seit 1843 beispielsweise kam es im Gasthof „Prinz Max“ in der Marstallstraße 6 unter dem Etikett „Heidelberger Stadttheater“ zu regelmäßigen Aufführungen. Mithilfe einer Aktiengesellschaft konnte schließlich ein eigenes Gebäude verwirklicht werden: Die Eröffnungsvorstellung im Oktober 1853 fand sogar in Anwesenheit des Kronprinzen und späteren Großherzogs Friedrich statt, rund zwanzig Jahre später ging das Theater in die öffentliche Hand über. Seitdem befindet es sich in der Theaterstraße 6, allerdings nicht – wie in anderen Städten – freistehend und mit repräsentativem Vorplatz. Das Gebäude hat inzwischen mehrere Umbauten erlebt, zuletzt wurde 1990 ein gläsernes Foyer angebaut.

Wenn auch die Industrialisierungsphase in Deutschland ohne größere Spuren an Heidelberg vorbeiging, im Zusammenhang eines wichtigen politischen Ereignisses des 19. Jahrhunderts aber rückte die Stadt für einen Augenblick zumindest in den Brennpunkt des Geschehens. Gemeint ist die deutsche Revolution von 1848/49. Schon in der als „Vormärz" apostrophierten Vorphase dieses Aufstands waren die in Burschenschaften organisierten Heidelberger Studenten aktiv an der Verbreitung nationaler, liberaler und demokratischer Ideen beteiligt. Sie wirkten mit an den politischen Großdemonstrationen im damaligen Deutschland, also am Wartburgfest (1817) und am Hambacher Fest (1832). Manche unter ihnen waren zudem an der Revolte des Frankfurter Wachensturms (1833) beteiligt – in jenem Jahr fand man als Vorboten zukünftiger Ereignisse schon schwarz-rot-goldene Plakate mit der Forderung „Freiheit oder Tod, nieder mit den Aristokraten" an Heidelberger Hauswänden angeschlagen. Doch blieb dieses politische Engagement nicht auf die akademische Jugend beschränkt. Ebenso unter den Professoren hatte sich in den vierziger Jahren ein liberaler Flügel herausgebildet. Als dessen Sprachrohr tat sich vor allem der Historiker Gottfried Georg Gervinus hervor, der vor seiner Heidelberger Zeit zu den „Göttinger Sieben" gehörte – also zu jenen an der dortigen Hochschule lehrenden Professoren, die 1837 gegen die Aufhebung des Staatsgrundgesetzes des Königreichs Hannover durch den Monarchen Ernst August protestiert hatten und daraufhin entlassen worden waren. Gervinus gab an seiner neuen Wirkungsstätte die liberalen Ideen verpflichtete „Deutsche Zeitung" heraus, eines der wenigen Heidelberger Blätter, die auch überregionale Bedeutung erlangen konnten.

Mit dem 5. März kam dann der große Tag nicht nur der Heidelberger Liberalen. Ermutigt und angestoßen durch den am 24. Februar 1848 erfolgten Sturz des französischen Bürgerkönigs Louis Philippe (ein entfernter Nachfahre der Liselotte von der Pfalz übrigens), versammelten sich rund 10 Tage später im Hotel „Badischer Hof" in der Hauptstraße zahlreiche Politiker aus Südwestdeutschland. Heidelberg war schon allein deshalb als Veranstaltungsort für ein solches

Treffen geeignet, da es über den Eisenbahnanschluss verkehrstechnisch gut zu erreichen war. Die mit großen Erwartungen angereisten Politiker unterstützten noch einmal die zuvor schon von Friedrich Daniel Bassermann im badischen Landtag eingebrachte Forderung nach Einberufung einer deutschen Nationalversammlung. Über die weiteren Details bestand allerdings erheblicher Diskussionsbedarf: Republikaner stritten sich mit Anhängern des monarchischen Prinzips. Einigen konnten sie sich nicht. Beschlossen wurde schließlich die Einrichtung eines Siebener-Ausschusses, der ein Vorparlament in Frankfurt mit Vertretern aus allen deutschen Staaten vorbereiten sollte. Das trat am 31. März in der dortigen Paulskirche unter der Präsidentschaft des Heidelberger Liberalen Karl Josef Anton Mittermaier zusammen und organisierte wiederum die Wahlen zu einer verfassunggebenden Nationalversammlung am gleichen Ort. Außerdem verabschiedete man in Heidelberg noch eine Abschlusserklärung, die in der „Deutschen Zeitung" veröffentlicht wurde. Offen blieb darin die für die Zukunft zu präferierende Staatsform. Immerhin sahen sich einige Teilnehmer nach der Versammlung genötigt, öffentlich zu verneinen, dass in Heidelberg „die Gründung einer ‚deutschen Republik' insgeheim beschlossen" worden sei.

Die Heidelberger Versammlung war eine nicht unwichtige Etappe auf dem Weg zum Frankfurter Paulskirchen-Parlament, das im Mai 1848 zusammentrat; vier Heidelberger Professoren gehörten ihm an, der Staatsrechtler Robert von Mohl war zeitweise sogar Reichsjustizminister. In anderen Teilen Deutschlands war es infolge der französischen Ereignisse im Revolutionsmonat März zu blutigen Unruhen gekommen, so etwa bei den Barrikadenkämpfen in Berlin oder den Straßenkämpfen in Wien, wo der verhasste Fürst Metternich, der Architekt des 1815 beschlossenen restaurativen Systems, vertrieben wurde. Die Politisierung in der Neckarstadt ging in diesen Monaten – wie auch andernorts – einher mit der Gründung zahlreicher demokratischer Vereine: Handwerker, Arbeiter, Hochschullehrer, Studenten und auch Frauen organisierten sich. Als Reaktion auf das Verbot des demokratischen Studentenvereins durch den badischen Staat kam es im Juli

1848 zum öffentlichkeitswirksamen Auszug der Heidelberger Studenten (begleitet von gleichgesinnten Stadtbürgern) nach Neustadt an der Haardt mit vorangetragener deutscher Fahne – solche Auszüge waren eine traditionelle Form des hochschulinternen Protests, er ging in diesem Falle aber darüber hinaus. Zu einem Politikum wurden auch die Vorlesungen des umstrittenen Philosophen Ludwig Feuerbach. Im Rathaussaal hielt der Privatgelehrte vor Studenten und Bürgern Vorlesungen über das Wesen der Religion, die in eine umfassende Theologiekritik mündeten; die Universität hatte ihm dafür keinen Raum zur Verfügung gestellt.

Unter den Zuhörern befand sich der Dichter Gottfried Keller, der sich davon beeindrucken ließ: „Die Welt ist eine Republik, sagt er [Feuerbach], und erträgt weder einen absoluten, noch einen konstitutionellen Gott." Keller wurde in Heidelberg auch Zeuge der Niederschlagung badischer Revolutionäre durch preußische Truppen, die im Juni 1849 nach dem Scheitern des Paulskirchenparlaments ihre republikanischen Ziele gewaltsam herbeizuführen versuchten. Sein ambivalentes Urteil in dieser Sache steht für einen großen Teil des bürgerlich-liberalen Lagers. Trotz aller Sympathie für Demokratie und Liberalismus nämlich fürchtete Keller zugleich die Radikalen: „Borniertere und brutalere Kerle sind mir noch nicht vorgekommen als die deutschen Republikaner zweiten und dritten Ranges; alle bösen Leidenschaften: Neid, Rachsucht, Blutgierde, Lügenhaftigkeit nähren und pflegen sie sorgfältig im niederen Volke." Letztlich arrangierte man sich mit den erreichten Kompromissen, die immerhin alle Herrscher in Deutschland an geschriebene Verfassungen banden, auch das Parlament musste jetzt an der Gesetzgebung beteiligt werden.

Alt-Heidelberg

„Der Student ist die erste und angesehenste Person in und um Heidelberg", schrieb der Komponist Robert Schumann 1829. Und Ludwig Passarge notierte zwanzig Jahre später: „Alles ist hier auf den Studenten berechnet, alles. Kaufleute, Handwerker, Gastwirte, selbst Künstler, alle leben von den Studenten und handeln danach. Wehe der Kneipe, wo ein Student, namentlich aus einer Verbindung, schlecht behandelt würde [...], monatelang bliebe sie von allen Studenten, mithin von allen Besuchenden, leer. [...] Heidelberg ist die absolute Studentenstadt wie etwa Potsdam die Militärstadt." Auch ausländische Besucher machten sich ein Bild davon. So weilte der bekannte Kinderbuchautor und Weltenbummler Mark Twain mehrere Monate in der Neckarstadt und zeichnete mit quasi ethnographischem Blick das Leben und die Gebräuche dieser Jugendlichen auf. In seinem Reisebericht *A tramp abroad* (1879) hat er es für seine amerikanischen Leser festgehalten: den ritualisierten Bierkonsum und das Fechten der Verbindungsstudenten bis hin zu deren Aufenthalt im Universitätsgefängnis, dem Karzer.

Verbindungsstudenten am Neckar

Studenten fielen in der damaligen Zeit auf, nicht nur im Heidelberger Stadtbild: Allein Mütze und Band waren schnell erkennbare Zeichen der Mitgliedschaft in einer der zahlreichen Verbindungen – jeder zweiter Student war korporiert. Eine dominierende Stellung in Heidelberg nahmen insbesondere in der zweiten Hälfte des 19. Jahrhunderts die exklusiven Corps ein – kein Wunder, galt die Ruperto Carola doch als Hochburg adeliger Studenten. Daneben gab es die Burschenschaften, die ursprünglich aus der national-liberalen Bewegung stammten. Geregelt war das Leben durch einen strengen Comment mit festgelegten Hierarchien. Die „Alten Herren", also die Ehemaligen, unterstützten den Nachwuchs und halfen bei der Stellensuche. Sie finanzierten auch die Verbindungshäuser, die man bis heute in Heidelbergs besten Lagen findet – etwa am Schlossberg. Sie entstanden vor allem um 1900 als prachtvolle Villen im historisierenden Stil. Manche von ihnen sehen aus wie kleine Schlösser.

Das Milieu, das hier aufscheint, war schon bald nicht mehr nur für Heidelberger Wirtschaftsleute ein ökonomischer Faktor ersten Ranges, sondern wurde gar zum Sinnbild deutschen Studentenlebens im 19. Jahrhundert schlechthin. In unzähligen Gedichten, Liedern, Romanen, Theaterstücken, Operetten und später Filmen wurde der Schauplatz Heidelberg einem großen Publikum in einer ganz speziellen Ausschmückung vermittelt. Die dort spielenden Geschichten aus der Welt der korporierten Studenten sind alle ähnlich gebaut, man könnte von einem festen Thema mit Variationen sprechen. Es geht nie um Bildung oder deren Inhalte, sondern stets um die Freizeitgestaltung der jungen Akademiker. Und die kreiste vor allem um drei Dinge: Wein, Weib und Gesang. Ein Genrebild entstand, das für die einen den unterhaltsamen Einblick in eine bunte Welt voller Riten und Symbole inklusive Herz-Schmerz-Romantik bot, bei anderen, die das Studentenleben selbst miterlebt hatten, nostalgische Erinnerungen wachrief.

Einer der Auslöser dieser ganz speziellen Heidelberg-Popularität war Joseph Victor von Scheffel. Dieser hatte zwischen 1844 und 1847 in der Stadt am Neckar Jura studiert und sie in der Folgezeit immer wieder aufgesucht. Scheffel gehört zu den auflagenstärksten Autoren in der deutschen Literaturgeschichte, große Teile seines Werks werden heutzutage freilich der Trivialliteratur zugerechnet. Sein Debüt war das während einer Italienreise auf der Insel Capri verfasste Versepos *Der Trompeter von Säckingen* (1854 erschienen). Und darin befindet sich ein Gedicht, dessen erste Strophe lautet: „Alt-Heidelberg, du feine,/ Du Stadt an Ehren reich,/ am Neckar und am Rheine/ Kein' andre kommt dir gleich." Es formuliert den Abschiedsschmerz der Hauptfigur Werner Kirchhof, der in dieser Stadt die Freuden des Studentenlebens genossen, sich dabei allerdings auch unglücklich verliebt hatte.

Scheffels Gedicht machte Karriere. Es wurde vertont und gelangte schnell ins „Allgemeine Deutsche Kommersbuch". Neben Eugen Höflings „O alte Burschenherrlichkeit" gehört es seither zum festen Gesangsrepertoire der Verbindungsstudenten, erlangte volksliedhafte Verbreitung. Karriere machte aber auch die sprachliche Neu-Schöpfung „Alt-Heidelberg". Nicht nur, dass man inzwischen auf der ganzen Welt Gaststätten mit diesem Namen findet. Auch andere literarische Produktionen bemächtigen sich dieser Formel, die schließlich zu einem Synonym für das beschriebene Milieu wurde. Wer davon sprach, meinte eben ein ganz bestimmtes Heidelberg.

Programm zu Ernst Marischkas Verfilmung von Meyer-Försters „Alt-Heidelberg“ u. a. mit Christian Wolff und Sabine Sinjen aus dem Jahr 1959

Den Höhepunkt in dieser Entwicklung, man könnte auch von einer Modewelle sprechen, markierte schließlich das Theaterstück *Alt-Heidelberg* eines gewissen Wilhelm Meyer-Förster. Dessen Handlung ist schnell erzählt: Der Erbprinz Karl-Heinrich aus dem fiktiven Sachsen-Karlsburg wird zum Studieren in das real existierende Heidelberg geschickt. Dort tauscht er befreit die höfische Etikette ein gegen die fröhlichen Trink- und Sangesrituale des studentischen Verbindungswesens und verliebt sich – Herz über Kopf – in die Kellnerin Käthie. Doch wird er jäh aus diesem Traum gerissen. Denn nach nur vier Monaten Aufenthalt ruft plötzlich die Regierungspflicht. Und die standesgemäße Heirat. Mütze und Band bleiben dem frisch gebackenen Fürsten als wehmütig betrachtete Erinnerungsstücke an die glücklichste Zeit seines Lebens, an Käthie und den Ort seiner Sehnsucht: Heidelberg.

Das kam an beim Publikum. Nach der Uraufführung am 22. November 1901 in Berlin trat *Alt-Heidelberg* einen beispiellosen Siegeszug zunächst über die deutschen, dann auch internationalen Bühnen an (in 22 Sprachen übersetzt!) und mauserte sich damit zu einem der wohl meistgespielten Theaterstücke in der ersten Hälfte des 20. Jahrhunderts. Und der Stoff, der erstmals in einer Erzählung Meyer-Försters Verwendung gefunden hatte (*Karl-Heinrich*, 1899), bildete außerdem die Grundlage zahlreicher Vertonungen und Filmfassungen (darunter allein drei Hollywood-Produktionen). Sigmund Rombergs Operettenversion „The Student Prince“ zählte im New York der zwanziger Jahre zu den größten Broadway-Erfolgen und galt den Amerikanern schon bald als Sinnbild des „good old Germany“. Erst seit den 1960er-Jahren, verbunden wohl mit einer weiteren Entfremdung gegenüber dem studentischen Korporationswesen, lässt die Wirkung Alt-Heidelbergs in einer breiteren Öffentlichkeit spürbar nach.

Keine Frage, dieses Schauspiel und seine Adaptionen haben den zuvor schon hohen Bekanntheitsgrad Heidelbergs in aller Welt noch erheblich gesteigert und es dürfte in der Zeit seiner größten Popularität zusätzliche Touristenströme an den Neckarstrand und so manchen jungen Theaterbesucher zum Studium gerade nach Heidelberg gelockt haben. Die Hoffnung, dabei vielleicht auch einmal dem Autor zu begegnen, wäre allerdings vergeblich gewesen: Meyer-Förster hat nie in Heidelberg gelebt, auch wenn man ihm dort aus nahe liegenden Gründen 1925 die Ehrenbürgerwürde verlieh – Scheffel war 1886 bereits in diesen Genuss gekommen.

Das Schauspiel sorgte allerdings nicht nur für den Höhepunkt in der Popularisierung Heidelberger Studentenromantik, es kam auch in die Schusslinie zahlreicher Kritiker, die seit der Uraufführung einen regelrechten Kampf gegen dieses Stück mit außergewöhnlichem Eifer entfachten. Die Angriffe galten einem Drama, in dem man „alle Ingredienzen des Kitsches in klassischer Mischung“ (Kurt Pinthus) versammelt fand. Bertolt Brecht sprach von einem „Saustück“, Kurt Tucholsky von einem „anachronistischen Buntdruck“ und „alten Schmachtfetzen“. Die Kritik von allen Seiten richtete sich dabei nicht allein gegen das Stück als solches, sondern es wurde eine trivialisierte Heidelberg-Wahrnehmung beklagt, die durch Meyer-Försters Schauspiel und seine Nachwehen forciert worden sei. Der überaus erfolgreiche Schlager mit dem Titel „Ich hab' mein Herz in Heidelberg verloren“ (1927) wurde dafür ebenfalls zur Verantwortung gezogen. Mit kulturkritischem Gestus prangerte man eine Verwässerung des gehaltvollen Bildes dieser Stadt und ihrer ehrwürdigen Traditionen an, sprach von einem „falschen Mythos“, von „Pseudo-Romantik“, die nicht zuletzt dem ahnungslosen Touristen durch eine geschäftstüchtige Andenkenindustrie aufgezwungen werde. Die Universitätsstadt Heidelberg besaß damit in der öffentlichen Wahrnehmung um 1900 zwei Seiten. Zum einen brachte man sie mit wissenschaftlichen Höchstleistungen in Verbindung, zum anderen mit melodramatischen Geschichten aus dem Studentenmilieu.

Zwischen Mythos und Moderne: Heidelberg im 20. Jahrhundert

Im Grunde genommen hatte Heidelberg im 19. Jahrhundert seine Bestimmung gefunden, an der sich bis heute nichts geändert hat: eine stark frequentierte Universitätsstadt, zugleich ein Zielpunkt des modernen Massentourismus zu sein. Ausgespielt hatte die Stadt am Neckar dagegen als politisches Machtzentrum mit überregionaler Bedeutung, vorübergegangen war auch der Kelch der Schwerindustrie, die man gerne den benachbarten Städten Mannheim und Ludwigshafen überließ. Doch natürlich zog hier auch das 20. Jahrhundert nicht spurlos vorüber – vor allem wurde alles größer und moderner.

Nach den Stadterweiterungen des 14. und des 19. Jahrhunderts erlebte Heidelberg eine große Eingemeindungswelle, die von der kommunalen Politik offensiv betrieben wurde – vornehmlich in westlicher Richtung. Viele ehemalige Dörfer, die ja zum Teil älter waren als Heidelberg selbst, wurden nun Teile der Neckarstadt: Mit Neuenheim auf der rechten Neckarseite fing es 1891 an, Handschuhsheim folgte zwölf Jahre später. Aus Kirchheimern und Wieblingern wurden im Jahr 1920 Heidelberger (zumindest im juristischen Sinne), Rohrbach ging sieben Jahre später mitsamt seinem umfangreichen Waldbesitz in der Neckarstadt auf. Die vorerst letzte Eingemeindung erfolgte dagegen in östlicher Richtung: 1975 wurde Ziegelhausen ein Heidelberger Stadtteil. Mit dem Pfaffengrund war ab 1919 (wiederum im Westen) außerdem ein neuer Stadtteil mit standardisierten Wohneinheiten in Anlehnung an das damals populäre Gartenstadtkonzept entstanden: eine planmäßig angelegte und mit viel Grün durchsetzte Siedlung. Kein Wunder, dass parallel zu diesem Integrationsprozess Heidelberg den größten Bevölkerungsanstieg seiner Geschichte erlebte. Zwischen 1890 und 1933 verdreifachte sich die Einwohnerzahl nahezu von rund 32 000 auf 85 000.

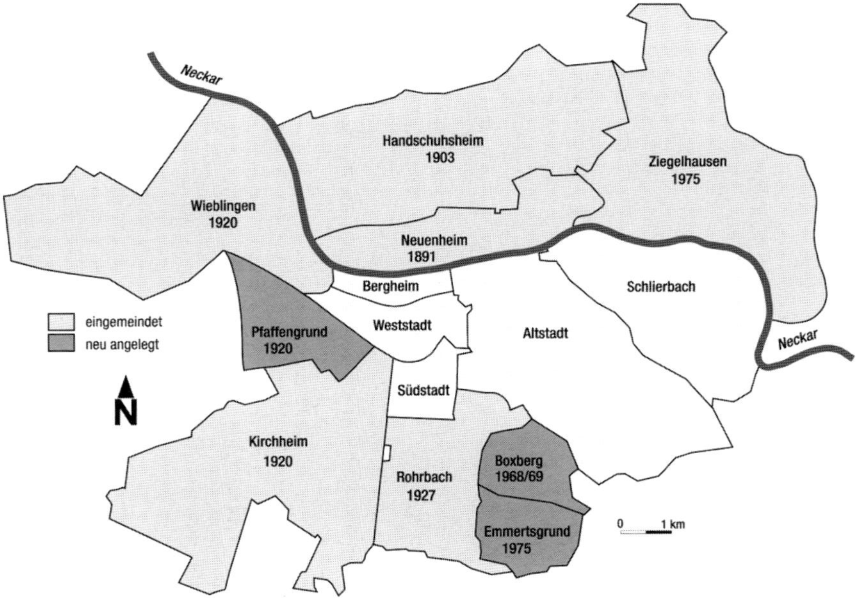

Entwicklung des Stadtgebiets seit Ende des 19. Jahrhunderts

Blick in die Hauptstraße vom Bismarckplatz, zu sehen auf einer Postkarte um 1906

Unter dem Stichwort Modernisierung lassen sich vor allem Maßnahmen zur Verbesserung der Infrastruktur nennen. Dazu gehörten unter anderem der Aufbau einer flächendeckenden Stromversorgung (im Januar 1901 wurde ein neues Elektrizitätswerk in Betrieb genommen) und eines Telefonnetzes, der Ausbau einer funktionierenden Kanalisation sowie zahlreiche Verkehrsprojekte. Die Straßenbahn etwa feierte 1885 Premiere auf der Strecke Hauptbahnhof-Rathaus. Sie wurde allerdings zu dieser Zeit noch mit Pferden betrieben, 1902 dann aber auf elektrischen Betrieb umgestellt. Wieder drei Jahre später kamen die ersten Autobusse zum Einsatz. Vor allem von den Touristen genutzt wird die 1890 in Betrieb genommene Bergbahn, mir der man vom Kornmarkt bis zur Molkenkur gelangt (also dem früheren Standort der ersten und ältesten Burg in Heidelberg) – seit 1907 kann man von dort aus weiter zum Königstuhl fahren. Nahezu vergessen ist, dass Heidelberg über den Pfaffengrunder Flughafen in den 1920er-Jahren mit zahlreichen europäischen Großstädten verbunden war – per Lufthansa-Linienflüge waren sie fast täglich zu erreichen. Die Autobahn Heidelberg–Mannheim–Frankfurt wurde zwar erst 1935 in Betrieb genommen, war aber bereits in den zwanziger Jahren geplant worden. Und schließlich diente auch die umstrittene Kanalisierung des Neckars (1925–1929) letztlich dem Verkehr. Der Ausbau zur Wasserstraße entstand im Rahmen des Neckar-Donau-Kanal-Projekts. Kritiker prangerten allerdings eine Verschandelung des Landschaftsbildes an. Die zudem als hässlich empfundenen Staustufen und Schleusen (bei Wieblingen und am Karlstor errichtet) nahmen dem Fluss tatsächlich ein Stück seiner wilden Natürlichkeit. Ein Gutachten zur Neckarregulierung sah das freilich anders: „Ruhe, Größe, Ordnung und Übersicht sind unzertrennlich mit dem Begriff der Kunst verbunden" – und die lasse sich nur mit einer großen und stillen Wasserfläche vor dem Heidelberger Stadtpanorama erzielen.

Berühmter Sohn der Stadt: Friedrich Ebert

Der erste Präsident der Weimarer Republik, der ersten Demokratie auf deutschem Boden, war ein Heidelberger. Am 4. Februar 1871 wurde Friedrich Ebert als viertes Kind eines Schneiders in der Pfaffengasse geboren. Nach dem Besuch der Volksschule erlernte er in der Stadt am Neckar das Sattlerhandwerk, ehe er 1888 auf traditionelle Wanderschaft, also auf die Walz ging. Über eine Tätigkeit bei der Gewerkschaft führte Eberts Weg in die Politik – im Februar 1919 wurde der SPD-Politiker schließlich von der verfassunggebenden Nationalversammlung in Weimar zum ersten Reichspräsidenten gewählt. Eine Bestätigung in diesem schwierigen Amt durch eine Volkswahl 1925 erlebte er allerdings nicht mehr. Er starb im gleichen Jahr an einer verschleppten Blinddarmentzündung. Beerdigt wurde Friedrich Ebert unter großer Anteilnahme der deutschen Öffentlichkeit und der Heidelberger Bevölkerung auf dem hiesigen Bergfriedhof. In seinem Geburtshaus in der Pfaffengasse befindet sich seit 1984 eine Gedenkstätte, die sowohl ein Museum wie auch ein Dokumentationszentrum für das Entstehen der ersten deutschen Demokratie umfasst.

Wachstum kennzeichnet auch die Entwicklung der Ruprecht-Karls-Universität in diesen Jahrzehnten. Nach einer Stagnation in der Mitte des 19. Jahrhunderts stiegen ab 1870 wieder die Studentenzahlen, um 1900 konnte die Tausendermarke,

Heidelberger Bergbahn: vom Kornmarkt über die Molkenkur bis zum Königstuhl, im Hintergrund die Heiliggeistkirche

bald auch die Zweitausendermarke regelmäßig übertroffen werden. Allerdings gab es große Schwankungen zwischen dem Sommer- und dem Wintersemester, zu dem sich viel weniger Studenten einschrieben: Heidelberg war eben – aufgrund seiner landschaftlichen und klimatischen Vorzüge – eine klassische Sommeruniversität. Eine Besonderheit bis heute stellt der hohe Ausländeranteil unter den Studenten dar. In dieser Zeit gab es vor allem eine große russische Gemeinde, die sogar über eine eigene Lesehalle verfügte. Eine gewisse Vorreiterrolle nahm Heidelberg – wie alle badischen Universitäten – auch beim Frauenstudium ein: ab 1900 durften diese sich hier erstmals immatrikulieren.

Von der Forschung an der Ruperto Carola gingen seinerzeit starke Impulse aus – gleich mehrere Nobelpreise wurden in der ersten Hälfte des 20. Jahrhunderts an Heidelberger Professoren vergeben. Daneben kristallisierte sich unter den Intellektuellen eine besondere Form von Geselligkeit heraus, die weit über die Stadtgrenzen hinaus wahrgenommen wurde und in vergleichbarer Form wohl nur in der Reichshauptstadt Berlin existierte. Ein buntes Gemenge von Zirkeln war entstanden, die sich außerhalb der Universität in zumeist privaten Zusammenkünften konstituierten. Manche waren nur ausgewählten Personen zugänglich, andere entwickelten sich zu halböffentlichen Diskussionsforen. Im „Eranos"-Kreis um den Neutestamentler Adolf Deissmann beispielsweise redete man – ohne Frauen und wissenschaftlichen Nachwuchs – primär über religionswissenschaftliche Themen. Im „Janus"-Kreis – mit Frauen und wissenschaftlichem Nachwuchs – kamen so unterschiedliche Persönlichkeiten wie der Botanikprofessor Georg Klebs, der Soziologe Alfred Weber oder auch der Staats- und Völkerrechtler Georg Jellinek zusammen. Der Privatgelehrte und Verfasser einer Heidelberger Kulturgeschichte, Richard Benz, verkehrte des Öfteren im Richard-Wagner-Verein des Kunsthistorikers Henry Thode, in dem man über die ästhetischen Konzeptionen des verehrten Komponisten debattierte und die gemeinsame Schopenhauer-Lektüre pflegte. Vor allem zwei Figuren aber waren es, die diesen fächer- und themenübergreifenden Diskurs am stärksten geprägt haben. Deren Namen fehlen in kaum einem der so zahlreich überlieferten Erinnerungsbücher über das damalige Heidelberg: Stefan George und Max Weber – der Dichter und der Wissenschaftler. Beide wurden allerdings als Antipoden wahrgenommen.

„Heidelberger Geist“ lautete eine der Bezeichnungen für diese charakteristische Melange aus Wissenschaft, Kunst und Politik, andere schwärmten rückblickend vom „Mythos Heidelberg“. Der Philosoph Ernst Bloch – das Enfant terrible des Max-Weber-Kreises – sprach dagegen abschätzig vom „schmuddeligen badischen Mekka des Geschwätzes“. Ein ausgeglicheneres Bild findet sich in den Erinnerungen von Carl Zuckmayer, der 1919 an der Ruperto Carola studiert hatte: „Heidelberg war damals von Göttern und Halbgöttern, Propheten und Narren, Faunen, Bacchen und Eroten, Dionysiern und Peripatetikern durchwandert, wobei die Nymphen und Vestalinnen nicht fehlten. Auch der Nachtalb fehlte nicht, der hinkende böse Zwerg, in Gestalt von Joseph Goebbels, der eines Klumpfußes wegen den Krieg nicht hatte mitmachen können und seinen Neid und Haß besonders gegen uns richtete, die verändert und voll neuen Antriebs Heimgekehrten: wir waren später die ersten Ziele seiner Verfolgung. Damals hielt er sich noch zurück und saß bei Gundolf (dem Juden) in den Kollegs.“ Von Goebbels wird noch die Rede sein. Der Literaturwissenschaftler Friedrich Gundolf kann als Beispiel dafür herhalten, dass diese intellektuelle Strahlkraft einen Tourismus ganz eigener Art auslöste: Insbesondere jüngere Damen sollen seine Vorlesungen belagert haben und dafür – glaubt man der Memoirenliteratur – extra von auswärts angereist sein.

Auch der konventionelle Fremdenverkehr florierte weiterhin, wenn auch der Erste Weltkrieg und die folgenden Wirtschaftskrisen immer wieder zu Einbußen führten – ganz Heidelberg bekam sie zu spüren. Das eigentliche Dilemma der Tourismusbranche hatte eine andere Ursache. Denn schon zu Beginn des 20. Jahrhunderts, als man anfing, sich des aus ökonomischen Gründen so wichtigen Standbeins Fremdenverkehr professioneller zu widmen, musste man erkennen, dass die Statistik zwar erfreulich hohe Besucherzahlen aufwies: die Stadt am Neckar gehörte zu den am meisten besuchten Orten in Deutschland, insbesondere auf Seiten der ausländischen Gäste. Doch ärgerlicherweise blieb ein Großteil eher selten über Nacht. Es dominierte der Eintagestourismus, zu dessen

Pflichtstationen bis heute ein Besuch der Schlossruine sowie ein anschließender Bummel durch die Altstadt gehört. Mehr aber nicht.

Das verlangte nach neuartigen Strategien. Richtig beleidigt und trotzig kommt eine Initiative aus dem Jahr 1911 daher, die sich um diesen offensichtlichen Missstand kümmern wollte: „Es ist kein Zweifel, dass unserer Stadt von dem reisenden Publikum nicht das Interesse entgegengebracht wird, das bei ihrer landschaftlichen Schönheit und der Herrlichkeit ihrer ganzen Umgebung mit Recht erwartet werden dürfte." So wandte sich der „Verein zur Förderung des Fremdenverkehrs in Heidelberg" an die Öffentlichkeit und ergriff sogleich einige „Maßnahmen", um das „reisende Publikum zu häufigerem und insbesondere zu längerem Verweilen in unserer Stadt zu veranlassen". Dazu gehörte neben der Verbesserung der „Propagandamittel" und der Planung von mehrtägigen Veranstaltungen durch eine „Vergnügungskommission" auch ein günstiges „Preisermäßigungsheft", das Fahrscheine und Rabatte (beispielsweise für den Eintritt in Museen) enthielt – ein Vorläufer heutiger Kombi-Tickets.

Bad Heidelberg?

Große Hoffnungen setzten die Heidelberger Fremdenverkehrsmanager in den zwanziger Jahren des vorigen Jahrhunderts auf eine Heilquelle, die 1918 im Stadtteil Bergheim in einer Tiefe von circa 1000 Metern erschlossen worden war. „Ein neuer Bundesgenosse steht uns seit einem Monat zur Verfügung", feierte der Direktor des Städtischen Verkehrsamtes die „stärkste bis jetzt bekannte typische Radiumquelle" anlässlich der Eröffnung des Radium-Solbades 1928 und sah Heidelberg schon auf dem Weg zu einer Kurstadt. Auch wenn diese allzu hoch gesteckten Erwartungen sich letztlich nicht erfüllten, wurde das Bad immerhin fast dreißig Jahre lang genutzt. Im Jahr 1957 versiegte die Quelle allerdings – zum einen wegen Verstopfung, zum anderen, weil sich das schlechte Rohrmaterial verzogen hatte. Ganz ausgeträumt war die Idee von Bad Heidelberg aber auch in der Folgezeit nicht. Immer mal wieder wurde eine Neubohrung ins Spiel gebracht. Als es Ende der 1990er-Jahre dann um einen Umbau und die Ergänzung des denkmalgeschützten Gebäudes sowie des gesamten Areals ging, wurde der Ton noch einmal schärfer. Eine Bürgerinitiative forderte die „Rettung" des in der Tiefe schlummernden Wassers, das angeblich zu einer der „weltweit kalziumsreichsten Heilquellen" gehört. Verhindert werden konnte das Bauprojekt aber nicht, doch gab es immerhin einen Kompromiss: Um kommenden Generationen den Zugang zur Quelle zu erhalten, wurde den Bauherren auferlegt, dass die Möglichkeit einer Bohrung erhalten werden müsse.

Ein Salzburg des deutschen Südwestens

Auch wenn die Veranstalter den Wunsch nach außergewöhnlicher Theaterkunst in den Vordergrund stellten – das Anliegen, Heidelberg zu einer Festspielstadt zu machen, war ein weiterer Versuch, Touristen gleich für mehrere Tage an den Neckarstrand zu locken. Mitte der zwanziger Jahre keimte die ehrgeizige Idee, aus Heidelberg ein sommerliches Mekka der Theaterkunst, eine Art Salzburg am Neckar zu machen. Ein großes Fest, das die Reminiszenz an die Romantik zelebrierte. Man verließ sich ganz auf den *genius loci*, den man in den Programmheften nicht müde wurde zu beschwören. Als „einzigartige, reiche und tiefste Einheit von Natur, Geschichte und lebendigem geistigen Sein" beschrieb der Gründer dieser Veranstaltungen Rudolf Karl Goldschmit das „Gesicht Heidelbergs" und wichtig war ihm, sich gegenüber jenem „pseudoromantische[n] Antlitz ‚Alt-Heidelbergs'" abzusetzen, „wie es durch Studentenstücke, Operetten, Schlager und Gassenhauer in allen Erdteilen volkstümlich" vermarktet werde.

Zum Synonym der Veranstaltungen geriet – vergleichbar dem *Jedermann* vor dem Salzburger Dom – der alljährlich im Schlosshof aufgeführte *Sommernachtstraum* von William Shakespeare. Vor der imposanten Renaissance-Fassade des Ottheinrichsbaus brillierte unter der Regie von Festspielintendant Gustav Hartung Heinrich George in der Rolle des Oberon. Die Veranstaltungen blieben allerdings ein unvollendetes Projekt. Zwar hatte man sich ein markantes Profil erarbeitet, hatte die besten Schauspieler und Dirigenten sowie hochkarätige Festredner verpflichten können (darunter den Außen-

Plakat zu den Heidelberger Festspielen 1927

minister Gustav Stresemann oder die beiden Schriftsteller Gerhart Hauptmann und Thomas Mann). Auch hatte man 1929 noch einen Festspielpreis ausgelobt, der unter anderem mit dem Auftrag an Carl Zuckmayer verbunden war, ein Theaterstück exklusiv für diese Veranstaltungen zu verfassen. Allein mit den wirtschaftlichen Belangen war man überfordert. Die Festspiele scheiterten 1930 mit hohen Schulden schon nach vier Spielzeiten.

Immerhin, einen guten Ruf, der weit über die Stadtgrenzen hinausreichte, hatten sich diese Veranstaltungen erworben. Und so griffen vier Jahre später die Nationalsozialisten auf die Idee sommerlichen Theaterspiels auf dem Schloss zurück. Der „Reichsbund der deutschen Freilicht- und Volksschauspiele" hatte auf seiner ersten Tagung im Januar 1934 alle existierenden Freilichtbühnen kategorisiert. An der Spitze von achtzehn „reichswichtigen" Bühnen sollte der Veranstalter der „Reichsfestspiele" stehen – die Wahl fiel auf Heidelberg. Der Heidelberg-Alumnus Joseph Goebbels (er hatte in der Germanistik bei dem Professor Max von Waldberg promoviert, der jüdischer Herkunft war), jetzt Propagandaminister, übernahm die Schirmherrschaft samt dem Recht der Stückeauswahl und weilte fast jedes Jahr an seinem ehemaligen Studienort. In den Veranstaltungen sah man ein Aushängeschild deutscher Theaterkunst, dessen kulturpolitische Aufgabenstellung auf der besagten Tagung wie folgt formuliert wurde: „Der Plan […] entstand aus der Erwägung, dass im kommenden Sommer zahlreiche Ausländer, die sich durch die Gräuelpropaganda des vorigen Jahres abhalten ließen, nach Deutschland zu reisen, diese Hemmung jetzt überwunden haben und im Gegenteil sehr gespannt darauf sind, das neue Deutschland unter der Führung Adolf Hitlers zu besuchen und kennen zu lernen. Diese ausländischen Gäste wollen wir in erster Linie zu den Reichsfestspielen in Heidelberg einladen, um ihnen zu zeigen, dass noch niemals in Deutschland Kunst und Kultur eine so verständnisvolle Pflege und Förderung erfahren haben wie im dritten Reich."

Fast noch mehr Künstler-Prominenz als in den zwanziger Jahren ließ sich auf dem Schlossberg blicken. Um den An-

Blick auf die Thingstätte während einer Aufführung in den dreißiger Jahren des 20. Jahrhunderts

spruch einer internationalen Ausrichtung zu unterstreichen, erschienen die Beiträge der aufwändig gestalteten Programmbücher in mehreren Sprachen (darunter auf Englisch und Französisch). Auch in den dreißiger Jahren huldigte man dem *genius loci* namens Romantik und widmete ihr im Rahmen der Festspiele beispielsweise eine Ausstellung. Nur deutete man den Begriff jetzt anders, meinte, etwas korrigieren zu müssen: „Es wird eine wesentliche Aufgabe […] sein, sichtbar werden zu lassen, dass die deutsche Romantik, die mit der Geschichte Heidelbergs eng verknüpft ist, von der liberalistischen Zeit falsch gewertet wurde. […] Aus den Schriften der politischen Romantiker ist zum ersten Mal die Sehnsucht nach einer germanischen Demokratie, nach dem totalen Staate, der sich auf völkischen Grundsätzen aufbaut, erkennbar."

Der Manifestation solcher Ideologie diente in den ersten beiden Jahren der Reichsfestspiele auch die Präsentation zweier „Thingspiele" – kultische Sprechchordramen, deren

Miteinbeziehung des Publikums die propagierte Verschmelzung der Bevölkerung zu einer Volksgemeinschaft symbolisieren sollte. Durchsetzen konnte sich die dahinterstehende Bewegung allerdings nicht. Ab 1936 bezog man die eigens dafür erbaute Thingstätte auf dem Heiligenberg nicht mehr in das Programm der Festspiele mit ein, kurze Zeit später verloren auch die anderen Thingstätten im Reich ihre Bedeutung als wichtige Orte nationalsozialistischer Festkultur. Man hielt sich in Heidelberg gemäß der kulturpolitischen Ausrichtung an zeitlose Dramatik. Shakespeare dominierte das Repertoire, Goethes *Götz von Berlichingen* – mit Heinrich George in der Hauptrolle – war die alljährliche Attraktion.

Unverändert blieb bemerkenswerterweise auch die demonstrative Ablehnung jener bereits angesprochenen „Verkitschung" – „diese süßliche, aufgeweichte Auffassung von Heidelberg" –, die bewirkt habe, dass die Stadt am Neckar „Gegenstand einer Mode wurde, die zwar ungewöhnlich lange vorhält, aber eben doch Mode ist. Sie brachte die Willkür und den Flitter, womit sie das Überzeitliche der Landschaft überdeckte." Kein Wunder auch, dass Meyer-Försters Theaterstück 1934 nach Protesten vom Spielplan des Schauspielhauses Hannover genommen wurde: „Als Beleidigung und Angriff auf seine nationalsozialistische Einsatzbereitschaft" hatte der Hochschulgruppenführer die dort versammelten „Motive einer verlogenen Vergangenheit" empfunden. Alt-Heidelberg hatte also auch bei den Nazis keine Chance.

Im Dritten Reich

Die Platzierung der Reichsfestspiele in Heidelberg und der um diese Veranstaltungen betriebene propagandistische Aufwand stehen für jene Versuche nach 1933, das überlieferte Stadtbild weitgehend zu konservieren. Man war sich des internationalen Bekanntheitsgrades bewusst und rühmte sich dessen. So etwa auch beim groß gefeierten und ebenfalls als „reichswichtig" eingestuften 550-jährigen Jubiläum der Universität 1936. Der trotzigen Demonstration vermeintlicher Weltoffenheit sollte es ebenso dienen wie der Leistungsschau „völkischer“ Wissenschaft: „Das sei ein gegebener Anlass, um mit einer ganz großen Feier der Welt zu beweisen, dass der Nationalsozialismus auch eine sehr geistige Angelegenheit sei“, bemerkte der badische Gauleiter Robert Wagner in einem Telefongespräch mit der Reichskanzlei. Als symbolischen Akt par excellence betrachtet man die in diesem Zusammenhang von den Nationalsozialisten 1936 vorgenommene Änderung der Inschrift „Dem lebendigen Geist“ über dem Eingangsportal der Neuen Universität – der Bau dieses Kollegienhauses war durch eine Spendenaktion des amerikanischen Botschafters Jacob Gould Schurman Ende der 1920er-Jahre ermöglicht worden. Nun hieß es: „Dem deutschen Geist“, die Pallas Athene-Skulptur wurde durch einen Reichsadler ersetzt.

Der eher konventionellen Neuinszenierung Heidelbergs auf der Bühne des Dritten Reichs stehen allerdings jene alltäglichen Schrecken gegenüber, die auch in dieser Stadt nicht ausblieben: Zwischen Mai und Juli 1933 fanden auf dem Universitätsplatz mehrere Bücherverbrennungen statt, am 9. November 1938 wurde während der Reichspogromnacht die 1878 in der Großen Mantelgasse 1 errichtete Synagoge zum Zielobjekt des nationalsozialistischen Brandterrors. Die Feuerwehr kam erst spät in der Nacht und durfte lediglich die umliegenden Häuser schützen. Einen Tag später wurden 150 Heidelberger Juden in das Konzentrationslager Dachau deportiert. Ebenfalls beschädigt wurde zwar auch die orthodoxe Synagoge in der Plöck 35. Bis zur Verschleppung badischer Juden – darunter rund 280 Heidelberger – in das südfranzösische Internierungslager Gurs (1940) konnte in ihr aber noch Gottesdienst gefeiert werden. Auch Zwangsabeiter wurden in Heidelberg eingesetzt: Gegen Ende des Krieges (1944) holte man 400 Einwohner aus dem Vogesenstädtchen Raon l’Étape nach Heidelberg und verteilte sie auf hiesige Betriebe. Eine letzte Deportation von Juden fand noch am 14. Februar 1945 statt. Betroffen waren diesmal die jüdischen Partner so genannter Mischehen.

Schwere Verluste erlitt auch die gleichgeschaltete und unter das Führerprinzip gestellte Ruprecht-Karls-Universität.

Zerstörte Synagoge in der Großen Mantelgasse nach der Reichspogromnacht im November 1938

Da Antisemitismus vor 1933 bei den Berufungen und Habilitationen kaum eine Rolle gespielt hatte (wie teilweise an anderen Hochschulen), war der Anteil von Wissenschaftlern jüdischer Herkunft besonders groß. Das bewirkte wiederum eine sehr hohe Zahl vertriebener Hochschullehrer: Bis 1939 verlor die Universität Heidelberg aus „rassischen" oder politischen Gründen etwa ein Drittel ihres Lehrkörpers – die meisten emigrierten ins Ausland. Frei gewordene Stellen wurden fortan durch linientreue Aktivisten ersetzt. Der Fall Ernst Krieck zeigt, dass es sich dabei noch nicht einmal um ausgewiesene Wissenschaftler handeln musste. Krieck war Volksschullehrer und hatte noch nicht einmal studiert. Dennoch wurde er mit dem Lehrstuhl des angesehenen Philosophen Heinrich Rickert bedacht.

Die bauliche Hinterlassenschaft des Nationalsozialismus ist eher gering zu veranschlagen. Neben der bereits erwähnten Thingstätte springt hier als ausgesprochen ideologisch inspiriertes Projekt vor allem der Ehrenfriedhof für die Gefallenen des Ersten Weltkriegs ins Auge. Die auf dem Ameisenbuckel (oberhalb des Bergfriedhofs) errichtete Anlage weist eine ausgesprochene Sakralarchitektur auf: wie Markierungen eines Kirchengrundrisses erscheint das Gräberfeld, ein Sandsteinblock fungiert als Altar. Nicht mehr verwirklicht wurde dagegen ein städtebauliches Projekt monumentalen Zuschnitts, nämlich eine Pracht- und Aufmarschstraße mit angrenzenden Verwaltungs- und Dienstleistungsgebäuden im Bereich der heutigen Kurfürstenanlage – auch ein Festspielhaus in Anlehnung an Salzburg war dort vorgesehen. Die dafür notwendig gewesene Verlegung des Heidelberger Hauptbahnhofs hatte man schon lange vor 1933 ins Auge gefasst.

Beispiele bürgerlicher Zivilcourage während der nationalsozialistischen Diktatur gab es auch am Neckar. So setzte sich der Altstadtpfarrer Hermann Maas für Juden ein und gründete unter größter persönlicher Gefährdung eine „Kirchliche Hilfsstelle für Nichtarier". Maas war der erste Deutsche, der nach dem Krieg für sein Engagement vom Staat Israel ausgezeichnet wurde. Noch nicht restlos geklärt dagegen ist die Rolle des damaligen Oberbürgermeisters Carl Neinhaus und seine Nähe oder behauptete Distanz zum Hitler-Staat. Neinhaus war bereits 1928 in dieses Amt gewählt worden, übte es bis 1945 aus und wurde 1952 noch einmal zum Stadtoberhaupt gewählt (bis 1958) – eine in Deutschland für eine Stadt mit der Größe und Bedeutung Heidelbergs wohl beispiellose Bürgermeisterkarriere über drei politische Systeme hinweg. Einen wahrlich grenzenlosen Opportunismus muss man Neinhaus auf jeden Fall vorwerfen.

Kriegsende 1945

Die militärischen Aktionen des Zweiten Weltkriegs waren zwar auch bedenklich nahe an Heidelberg herangerückt, doch außer ein paar kleinen Blessuren kam es ungeschoren davon. Eine zweite Zerstörung wie im Pfälzischen Erbfolgekrieg 250 Jahre zuvor blieb der Stadt somit erspart. Am 30. März 1945, einem Karfreitag, wurde Heidelberg von der 63. US-Infanteriedivision unter General William F. Dean besetzt – die Soldaten fanden sich zu ihrer Überraschung in einer weitgehend unzerstörten Stadt wieder, in der auch Teile des öffentlichen Lebens noch funktionierten. Die genauen Hintergründe sind bis heute verworren. Fest steht, dass tags zuvor eine Heidelberger Delegation mit einem weiß beflaggten Sanitätsfahrzeug sich in Richtung Lampertheim aufgemacht hatte, um im dortigen Hauptquartier der Amerikaner über eine Lösung zu verhandeln. Die Gespräche verliefen allerdings ohne grundsätzliche Einigung – auf die geforderte bedingungslose Kapitulation wollten die Deutschen jedenfalls nicht eingehen. Und trotzdem verlief die Einnahme der Stadt am Tag danach ohne größere Zwischenfälle glimpflich.

Über die Gründe ist im Nachhinein viel spekuliert worden. Manche verwiesen auf das Kollegiengebäude der Universität, dessen Bau ja erst durch amerikanische Spenden Ende der 1920er-Jahre ermöglicht worden war. Andere wiederum wollten abgeworfene Flugblätter entdeckt haben, die mit dem Spruch warben: „Heidelberg wollen wir schonen – denn wir wollen mal dort wohnen“; erhalten hat sich allerdings keines dieser Dokumente, Nachforschungen in den alliierten Militärarchiven blieben ebenfalls ohne Erfolg. Auch der Zufall mag der Stadt geholfen haben. Laut Aussage eines amerikanischen Piloten Mitte der 1990er-Jahre soll Heidelberg Anfang März 1945 nur knapp einer größeren Bombardierung entgangen sein. Denn der bei diesem Einsatz ins Visier genommene Rangierbahnhof im nicht weit entfernten Bruchsal lag zwischenzeitlich unter einer Wolkendecke. Wäre diese nicht doch noch für einen Augenblick aufgerissen, hätte man die tödliche Fracht auf dem Rückflug über Heidelberg abgeworfen. Kleinere Attacken aus der Luft hatten 1944/45 vergleichsweise geringe Schäden angerichtet.

Mehrfach zu Wort gemeldet hat sich in der Nachkriegszeit schließlich William Arthur Beiderlinden. Als Kommandeur der 44. US-Infanterieeinheit war er sowohl an den Verhandlungen in Lampertheim wie auch an der Übernahme der Stadt beteiligt. Als „Symbol der Kultur eines friedlichen Deutschlands“, erläuterte der General im Nachhinein, sei ihm Heidelberg immer vorgekommen. Und vermittelt hätte ihm das Wilhelm Meyer-Försters *Alt-Heidelberg*, das er als Student kennen gelernt und sogar übersetzt habe. Das schließlich sei für ihn Ansporn gewesen, die Stadt möglichst zu verschonen. Um jeden Preis allerdings nicht. In einem Interview mit der Heidelberger Rhein-Neckar-Zeitung, die im September 1945 als erste Zeitung Baden-Württembergs gegründet worden war, ließ Beiderlinden 25 Jahre später keinen Zweifel daran, dass er bei größerem Widerstand Alt-Heidelberg vergessen hätte.

Sprengung der Alten Brücke

Die einzigen Heidelberger Bauwerke, die im Zweiten Weltkrieg stark in Mitleidenschaft gezogen wurden, waren die drei Neckarbrücken. Sie wurden zerstört. Allerdings nicht von den Amerikanern, sondern durch deutsche Pioniereinheiten. Wie auch anderswo sollten den Alliierten beim Vorrücken möglichst viele Steine in den Weg gelegt werden. Die Sprengung der Alten Brücke nahm ein Pionierunteroffizier namens Schlicksupp am Abend des 29. März vor. Dabei wurden zwei der mittleren Pfeiler und drei Bögen vollständig vernichtet. Wie sehr die Bürger an ihrer Brücke hingen, zeigt eine nach Kriegsende sofort eingeleitete Spendenaktion, bei der in kurzer Zeit 1,5 Millionen Reichsmark zusammenkamen. So konnte Heidelbergs Wahrzeichen schon im Juli 1947 wieder dem Verkehr übergeben werden – begleitet von Böllerschüssen, Feuerwerksraketen und Glockengeläut. Schlicksupps Sprengung, der seine Tat danach kleinlaut bereute, war auch in militärischer Hinsicht völlig sinnlos gewesen. Die Amerikaner jedenfalls hatten keine Probleme, am nächsten Tag in die Stadt einzumarschieren.

Der Anblick der „unzerstörten Stadt inmitten des zerstörten Deutschlands“, wie es ein Zeitgenosse formulierte, verwirrte

Blick auf die durch deutsche Pioniereinheiten 1945 gesprengte Alte Brücke, schon zwei Jahre später konnte sie wieder dem Verkehr übergeben werden

viele Durchreisende unmittelbar nach dem Krieg. Und zog zugleich viele Menschen an. Hatte eine Volkszählung im ersten Kriegsjahr 1939 noch rund 85 000 Bürger ermittelt, zählte man 1946 nunmehr 111 800 Einwohner, darunter viele Flüchtlinge und Heimatvertriebene. Die Stadt platzte aus allen Nähten, zumal die Amerikaner nun tatsächlich beschlossen, ihr europäisches Hauptquartier für die Landstreitkräfte nach Heidelberg zu verlegen. Als Sitz diente die 1937 erbaute Großdeutschlandkaserne in der Römerstraße, die nun „Champell Barracks“ hieß. Zwischenzeitliche Überlegungen des ersten amerikanischen Kommandanten, einen Teil der Heidelberger Bevölkerung aufs flache Land zu evakuieren, wurden verworfen.

Die Wohnungsnot blieb allerdings das Hauptproblem und war der einzig nennenswerte Konfliktstoff, den das Verhältnis von Stadt und amerikanischen Besatzern zunächst barg – sei es wegen der Beschlagnahmung von Gebäuden oder der Enteignung von Obst- und Gemüseanbauflächen zum Bau eigener Wohnungen. Infolge des sich verschärfenden Ost-West-Konflikts wurde aus dem ursprünglichen Provisorium eine dauerhafte Stationierung – seit 1945 haben etwa eine halbe Million amerikanische Soldaten mit ihren Angehörigen in Heidelberg gelebt. Neben der infrastrukturellen Grundversorgung (Schulen, Kindergärten, Kirchen, Einkaufszentren etc.) entstanden in den fünfziger Jahren auch zwei amerikanische Siedlungen – das Mark-Twain-Village in der Südstadt und das Patrick-Henry-Village auf der grünen Wiese im Südwesten der Stadt (beim Hegenichhof) für zunächst 3500 Bewohner. Der Pfaffengrunder Flughafen wurde von den amerikanischen Streitkräften fortan militärisch genutzt, inzwischen ist dessen Betrieb weitgehend nach Mannheim verlegt worden. Im Zuge einer strategischen Umstrukturierung des weltweiten US-Stützpunktsystems nach den Terroranschlägen vom 11. September 2001 ist mittlerweile auch der Heidelberger Standort insgesamt in Frage gestellt.

Allerlei Neubauten

Auch wenn der Stadt die Mühen eines Wiederaufbaus nach 1945 erspart geblieben sind, kam es doch zu einigen groß angelegten Bauprojekten, die das Gesicht Heidelbergs zumindest in der Peripherie stark verändert haben. Als Bauherrin trat zum Beispiel die Universität in Erscheinung. Im April 1945 war sie von der amerikanischen Besatzungsbehörde geschlossen worden. Diese setzte allerdings sofort einen Rat aus dreizehn integren Professoren ein, der eine Wiedereröffnung vorbereiten sollte. Bereits im August desselben Jahres konnte die medizinische Fakultät ihre Arbeit aufnehmen, im Wintersemester folgten weitere Fakultäten, eine offizielle Immatrikulationsfeier für die Gesamtuniversität fand im Januar

Im Neuenheimer Feld: modernes Campus-Gelände der Ruprecht-Karls-Universität

1946 statt. Mit ihrem ersten Rektor, dem Mediziner Karl-Heinrich Bauer, war die Ruperto Carola damit die erste westdeutsche Universität, die ihren Betrieb wieder aufnahm. Wie schwer die Situation – ungeachtet der Meisterung technischer Probleme – dennoch war, zeigt nicht zuletzt die Reaktion des Heidelberger Prorektors Karl Jaspers, der den von ihm geforderten radikalen Neuanfang schließlich für gescheitert hielt. Enttäuscht folgte er 1948 einem Ruf nach Basel und trat fortan als Kritiker der deutschen Nachkriegsentwicklung auf.

Zur schnell wieder expandierenden Universität gehörte nun auch eine räumliche Ausdehnung. Konzepte dafür lagen schon seit den zwanziger Jahren auf dem Tisch. Hatte ein Generalbebauungsplan von 1950 noch für eine Verlegung der gesamten Universität ins etwa 120 ha große Neuenheimer Feld auf der rechten Neckarseite im Westen der Stadt plädiert,

erfolgte dort ab 1951 peu à peu die Ansiedlung naturwissenschaftlicher und medizinischer Institute sowie mehrerer Kliniken, zur Ausführung kamen dabei vor allem standardisierte Gebäudetypen. Mitte der siebziger Jahre war der Aufbau dieses modernen Campus-Geländes, das auch über mehrere Studentenwohnheime verfügt, vorläufig abgeschlossen. Seitdem hat es freilich immer wieder Ergänzungen und Modifikationen gegeben. Zu finden sind im Neuenheimer Feld ebenfalls zahlreiche außeruniversitäre Forschungsstätten (beispielsweise mehrere Max-Planck-Institute oder das Deutsche Krebsforschungszentrum), die das wissenschaftliche Spektrum der Ruperto Carola ergänzen. Außerdem hat die Stadt dort einen Technologiepark errichtet als Schnittstelle zwischen Wissenschaft und Wirtschaft. Schwerpunkte liegen in der Umwelt- und Informationstechnologie sowie in den *life sciences*.

„1968" am Neckar

Der äußerlich klar erkennbaren Wiederherstellung und Expansion der Universität stand eine wachsende Unzufriedenheit der Studenten mit der inneren Verfassung ihrer Hochschule gegenüber. Und nicht nur das: Notstandsgesetzgebung, Vietnamkrieg, nationalsozialistische Vergangenheit waren weitere Themen, die zu einer politischen Mobilisierung der Jugend in Deutschland führten – die Jahreszahl 1968 ist inzwischen zum festen Begriff für diese soziale Bewegung geworden, die zwischen 1965 und 1970 ihre intensivste Phase erlebte. Heidelberg war eine der Hochburgen des studentischen Protests, der sich hochschulintern vor allem für ein größeres Mitspracherecht von Studenten und Assistenten in den universitären Gremien stark machte. Der Kampf gegen eine als traditionalistisch gebrandmarkte Institution, der vor allem in den geisteswissenschaftlichen Fakultäten geführt wurde, fand seinen Ausdruck in vielfältigen Aktionen: Demonstrationen, Blockaden, Gegenveranstaltungen, Teach-Ins und Go-Ins. Es kam aber auch zu handfesteren Auseinandersetzungen mit Professoren und der Stadtverwaltung. Zu Prügelszenen und Verhaftungen führte beispielsweise eine polizeiliche Durchsuchung von Räumen des AStA. Eine nennenswerte Breitenwirkung in der Heidelberger Bevölkerung konnten die Studenten allerdings nicht – wie erhofft – erzielen. Lediglich bei der „Rote-Punkt-Aktion" im Juni 1969 gab es Solidarisierungen. Dieser Protest hatte sich gegen die geplante Fahrpreiserhöhung der Heidelberger Straßen- und Bergbahn AG (HSB) gerichtet – Autofahrer sollten durch einen roten Punkt an der Windschutzscheibe signalisieren, dass sie bereit waren, andere mitzunehmen. Für zwei Tage konnte der öffentliche Nahverkehr damit lahm gelegt werden. Mit Erfolg: Die Fahrpreiserhöhung wurde wieder zurückgenommen. Der von den Studenten artikulierte Protest gegen den Vietnamkrieg fand 1972 noch einen radikalen Nachhall in einem Attentat der RAF auf das europäische Hauptquartier der US-Landstreitkräfte in Heidelberg, bei dem drei Soldaten ums Leben kamen. Ein Attentat auf den Oberbefehlshaber der amerikanischen Landstreitkräfte in Europa, General Frederick James Kroesen, durch das „Kommando Gudrun Ensslin" im September 1981 dagegen misslang.

Ein weiteres Projekt, das wie die Umsiedlung von Teilen der Universität ins Neuenheimer Feld ebenfalls schon lange vorbereitet war, betraf den Hauptbahnhof. Die bisherige Station an der Rohrbacher Straße sollte nach Westen verlegt werden. 1955 konnte der Neubau, der zu dieser Zeit als einer der modernsten Bahnhöfe Deutschlands galt, nach fünfjähriger Bauzeit fertig gestellt werden. Eröffnet wurde er von Bundespräsident Theodor Heuss, der 1943 nach Heidelberg übergesiedelt war. Die durch den Abbau der alten Bahnanlagen frei gewordene Fläche nutzte man für die neue Verkehrsachse Kurfürstenanlage, an deren einem Ende sich der neue Hauptbahnhof befindet und am anderen Ende der Menglerbau, das erste Wohnhochhaus in der Heidelberger Innenstadt. Entlang der Kurfürstenanlage ließ das Land Baden-Württemberg in den 1960er-Jahren schließlich noch zahlreiche Verwaltungsgebäude errichten, darunter auch ein Finanzamt.

Neue markante Wohnsiedlungen, die dem steigenden Bevölkerungswachstum Rechnung trugen, entstanden beispielsweise am Berg, in Form der „Waldparksiedlung" Boxberg oberhalb des Stadtteils Rohrbach Anfang der sechziger Jahre oder des benachbarten Emmertsgrunds Anfang der siebziger Jahre auf einer Hangterrasse des südlichen Königstuhlmassivs. Letzterer – für circa 11 000 Einwohner konzipiert und mit 61 ha die größte Stadterweiterung im Bereich des Wohnungsbaus – steht allerdings auch für eine zeittypische Stadtplanung mit sozialutopischen Zielen, deren Umsetzung heute in der Regel als gescheitert angesehen wird. Im Vergleich zur Siedlung Boxberg haftet dem Emmertsgrund noch mehr der Charakter einer kalten Trabantenstadt ohne Herz und Seele an. Die programmatischen Vorgaben – zum Teil unter Beteiligung des Heidelberger Sozialpsychologen Alexander Mitscherlich – waren zwar gut gemeint: Die Anliegen von Müttern und alten Menschen wollte man berücksichtigen, zahlreiche Infrastrukturmaßnahmen sollten integrations- und identitätsstiftend wirken. Doch auch wenn sich in jüngster Vergangenheit in dieser Hinsicht Verbesserungen abzeichnen, wird der Emmertsgrund immer noch vor allem als sozialer Brennpunkt mit hoher Kriminalitätsrate wahrgenommen.

Der neue Hauptbahnhof, eröffnet 1955

Ebenfalls Modellcharakter hatte schließlich eine dritte groß angelegte Baumaßnahme nach 1945, die direkt im Zentrum Heidelbergs vorgenommen wurde. Auch sie umstritten: die Sanierung der Alt- und Innenstadt – das große Projekt von Oberbürgermeister Reinhold Zundel, der zwischen 1966 und 1990 regierte. „Ich kann mir kein Heidelberg vorstellen, über das die Glasglocke absoluter Schonung gestülpt wäre“, formulierte der SPD-Politiker fast ein wenig angriffslustig. Unter dem Stichwort Regenerierung wurde von ihm eine Reihe von Maßnahmen ergriffen, die diesem Credo zweifellos gerecht wurden.

Dazu gehörte eine Neuordnung des Verkehrs. Sichtbarstes Zeichen dafür war die Umwandlung der Hauptstraße in eine 1,6 km lange Fußgängerzone (1978). Um die notwendige Anbindung des Individualverkehrs dennoch zu erhalten, erfolgte der Bau mehrerer Tiefgaragen in der Altstadt. Dafür mussten freilich historische Gebäude weichen, wie auch sonst der Oberbürgermeister vor umfangreicheren Abrissplänen nicht zurückschreckte. Der Aufschrei war erwartungsgemäß groß. Und vieles wurde verhindert: beispielsweise ein modernes Kongresszentrum am Neckar anstelle der alten Stadthalle, die um 1900 entstanden war, oder ein Hochhaus anstelle des abgerissenen Darmstädter Hofes am Bismarckplatz – das einstige Hotel wurde schließlich als Einkaufszentrum rekonstruiert. Doch neben den kritischen Stimmen, die einen Verlust an historischer Substanz und Authentizität beklagten, gab es auch Zustimmung. Insbesondere die Verbannung des Autoverkehrs aus Teilen der Altstadt wurde von vielen als Gewinn empfunden.

Futuristisches Heidelberg: die Print-Media-Akademie am Hauptbahnhof, erbaut im Jahr 2000

„Heidelberg lebt nicht nur in und von der Vergangenheit". Dieser Satz stammt aus dem Mund von Reinhold Zundels Nachfolgerin, der 1990 gewählten Oberbürgermeisterin Beate Weber – der ersten Frau in diesem Amt. Er formuliert ein weiterhin oft zu hörendes Aufbäumen gegen die Übermacht des Mythos Heidelberg, mit der insbesondere Politikerinnen und Politiker zu kämpfen haben. Denn sie stehen vor allem im Dienst der Gegenwart und haben es nicht selten mit profaneren Dingen zu tun. Beate Weber hat in ihrer Amtszeit das Altstadtensemble freilich weitgehend unangetastet gelassen – nicht nur hier ist man in diesen Dingen inzwischen empfindlicher geworden. Zugleich betont die SPD-Politikerin jedoch, dass Heidelberg mit seinen 14 Stadtteilen (verteilt auf einer Fläche von 109 Quadratkilometern) und seinen rund 140 000 Einwohnerinnen und Einwohnern sich wie jede andere Stadt auch den aktuellen Herausforderungen zu stellen hat – genannt werden im „Stadtentwicklungsplan 2010" unter anderem soziale Verantwortung, Umweltverträglichkeit und wirtschaftlicher Erfolg.

In zwei der wichtigsten Bereiche – Wissenschaft und Tourismus – werden gegenwärtig Versuche einer Neudefinition unternommen. Die Universität möchte mit der Abkehr vom Massenhochschulbetrieb und Konzepten wie der „Heidelberg Area" – einem losen Verbund der verschiedenen Forschungsstätten der Region – ihr Profil schärfen und stellt sich dabei selbstbewusst in den Wettbewerb mit Spitzenuniversitäten auf der ganzen Welt. Die Stadt wiederum beschreitet mit einem „Tourismusleitbild" neue Wege, um dieses wirtschaftliche Standbein weiter zu optimieren. Dabei geht es weniger um äußerliche Maximierung und Expansion, eine Rolle spielen vielmehr qualitative Begriffe wie Stadtverträglichkeit, Identität und Identifikation.

Und was geschieht mit der Heidelberger Altstadt in Zukunft? 1998 wurde der Stadtkern in die vorläufige deutsche Liste zur Anerkennung als Weltkulturerbe der UNESCO aufgenommen. Dessen Grenzen orientieren sich an der historisch

Das unter Denkmalschutz gestellte Altstadtensemble

und archäologisch von 1392 bis ins 19. Jahrhundert belegbaren Ausdehnung. Demnach erstreckt sich das Areal von Ost nach West vom Karlstor bis zur Sofienstraße, im Norden bildet der Neckar einschließlich der Alten Brücke eine natürliche Grenze, im Süden die Linie Friedrich-Ebert-Anlage – Klingentor – Südrand des Schlossgartens. Voraussetzung für die Listenzugehörigkeit war die Erhebung dieses Areals zu einer Gesamtanlage im Sinne des Denkmalschutzgesetzes. Das bedeutet unter anderem, dass Umbauten der Genehmigung bedürfen, wenn sie einen wesentlichen Einfluss auf das Stadtbild haben. Umgeben ist das nominierte Gebiet ferner von einer doppelten Pufferzone mit eingeschränkten Nutzungsmöglichkeiten. Dazu gehört eine geforderte Zone, die unmittelbar ans schützenswerte Stadtensemble anschließt. Darüber hinaus hat Heidelberg noch eine äußere Pufferzone eingerichtet, die den von der Stadt aus sichtbaren Teil der umliegenden Landschaft ebenfalls miteinschließt.

UNESCO-Weltkulturerbe

Die Organisation der UNO für Bildung, Wissenschaft und Kultur, kurz: UNESCO, hat 1972 das „Internationale Übereinkommen zum Schutz des Kultur- und Naturerbes der Welt" verabschiedet. Von 178 Staaten ist es inzwischen unterzeichnet worden, etwa 780 Kultur- und Naturstätten aus fast 140 Staaten sind gegenwärtig in einer entsprechenden Liste verzeichnet. Der Schutz dieser Stätten von „außergewöhnlichem universellen Wert" soll demnach nicht mehr nur Aufgabe der jeweiligen Staaten sein, sondern ein Auftrag der gesamten Menschheit.

Von den Kriterien, um als Kulturlandschaft oder Stadtensemble, als Industriedenkmal oder Kunstwerk einen Platz in der begehrten Welterbeliste der UNESCO zu bekommen, erfüllt Heidelberg in seinem 2004 gestellten Antrag gleich vier. Und das Papier liest sich wie eine klitzekleine Stadtgeschichte. Das Kulturgut müsse, so die internationale Organisation, beträchtlichen Einfluss während einer Zeitspanne auf die Entwicklung von Architektur, Großplastik, Städtebau oder Landschaftsgestaltung ausgeübt haben. Heidelberg verweist in diesem Zusammenhang unter anderem auf die Renaissancebauten des Schlosses, die wegweisend für diesen Architekturstil in Deutschland wurden. Das Kulturgut solle weiter ein außergewöhnliches Zeugnis einer untergegangenen Zivilisation oder Tradition darstellen. Hier kann auf den einstigen Rang Heidelbergs als kurfürstliche Residenzstadt verwiesen werden, auf ihren Status als politisches Zentrum mit europäischen Dimensionen. Ein drittes Kriterium, das Heidelberg erfüllt, ist die Forderung nach einem beispielhaften Typus, etwa eines Architekturensembles. Darunter fällt der barocke Wiederaufbau der Stadt auf ihrem noch mittelalterlichen Grundriss nach dem Pfälzischen Erbfolgekrieg. Und schließlich verweist der Antrag noch auf die Wissenschaftsgeschichte an diesem Ort, die Reformation (Heidelberger Katechismus), die Bedeutung Heidelbergs für die Romantik und seine Transformation zu einem international beliebten Reiseziel. Diese Eigenschaften erfüllen ein viertes Kriterium der UNESCO: Ein schützenswertes Kulturgut soll nämlich als „sichtbares Zeichen, das mit Ereignissen, lebendigen Traditionen, Ideen oder Glaubensbekenntnissen, literarischen oder künstlerischen Werken von außergewöhnlicher universeller Bedeutung unmittelbar verknüpft ist", erscheinen. Soviel zum Antrag. Am Schluss steht also eine Art Heiligsprechung der Stadt zum Denkmal. Am Ende ihrer Geschichte ist Heidelberg damit aber mit Sicherheit nicht.

Zeittafel

1196 Erste Erwähnung von „Heidelberch" in einer Urkunde des Klosters Schönau.

1214 Kaiser Friedrich II. belehnt den Herzog von Bayern, Ludwig I., mit der rheinischen Pfalzgrafenwürde. Fortan bestimmt das Adelshaus der Wittelsbacher die Geschicke dieses Territoriums, zu dessen Mittelpunkt sich Heidelberg allmählich entwickelt.

1356 Den in Heidelberg inzwischen fest residierenden Pfalzgrafen wird in der „Goldenen Bulle" Kaiser Karls IV. die Kurfürstenwürde zugesprochen. Sie stellen fortan den einflussreichsten weltlichen Fürsten im Heiligen Römischen Reich deutscher Nation.

1386 Gründung der Universität unter Ruprecht I. als dritte deutsche Hochschule (nach Prag 1348 und Wien 1365).

1392 Große Stadterweiterung durch Ruprecht II. in Richtung Westen: von der Grabengasse bis zum heutigen Bismarckplatz.

1400 Kurfürst Ruprecht III. wird zum deutschen König gewählt. Er lässt während seiner Amtszeit die Heiliggeistkirche errichten (als Stiftskirche) und macht sie zur kurfürstlichen Grablege.

1518 Martin Luther hält einen Vortrag bei den hiesigen Augustinereremiten. Seine „Heidelberger Disputation" spielt eine wichtige Rolle bei der Ausbreitung der Reformation in Südwestdeutschland.

1537 Zerstörung der oberen und wahrscheinlich ältesten Burg auf der Molkenkur durch Blitzschlag.

1556 Kurfürst Ottheinrich führt die Reformation in der Kurpfalz und damit auch in Heidelberg ein.

1563 Der „Heidelberger Katechismus" erscheint zum ersten Mal. Er steht zugleich für die Entwicklung dieser Stadt (und vor allem ihrer Universität) zu einer calvinistischen Hochburg mit europäischer Ausstrahlungskraft.

1619 Kurfürst Friedrich V. wird durch die protestantischen Stände in Böhmen zum König gewählt, wo er nur einen Winter regiert. Seine militärische Niederlage 1620 bei Prag beschleunigt den Dreißigjährigen Krieg.

1622 Die katholische Liga unter General Tilly erobert die Stadt, in dessen Folge wird die „Bibliotheca Palatina" in den Vatikan nach Rom abtransportiert.

1648 Im Westfälischen Frieden erhält die Pfalz eine neue, achte Kurwürde, die jedoch ein geringeres politisches Gewicht hat.

1671 Kurfürst Karl-Ludwig verheiratet seine Tochter – die Liselotte von der Pfalz – mit einem Bruder des französischen Königs Ludwig XIV. Der stellt später Erbansprüche.

1689/93 Fast vollständige Zerstörung Heidelbergs im Pfälzischen Erbfolgekrieg durch französische Truppen.

1705 Im Zuge des Wiederaufbaus der Stadt auf mittelalterlichem Grundriss wird auch das Rathaus am Marktplatz (an der Stelle eines Vorgängerbaus) im Barockstil errichtet.

1720 Die Residenz der pfälzischen Kurfürsten wird von Heidelberg nach Mannheim verlegt (1778 wandert sie von dort nach München).

1764 Nach Blitzschlag werden die seit 1742 laufenden Wiederaufbauarbeiten am Heidelberger Schloss eingestellt.

1778 Die zunächst nach Kurfürst Carl Theodor benannte (Alte) Brücke wird eröffnet.

1803 Infolge des Reichsdeputationshauptschlusses fällt die Stadt an Baden. Unter der Regierung Karl-Friedrichs wird die in eine Krise geratene Hochschule erneuert, die seitdem Ruprecht-Karls-Universität heißt.

1815 Die Alliierten gegen Napoleon (die spätere „Heilige Allianz“) errichten im Mai und Juni ihr Hauptquartier in Heidelberg. Neben den Monarchen halten sich auch Freiherr von Stein und Fürst Metternich in der Stadt auf.

1840 Die erste badische Eisenbahnlinie zwischen Mannheim und Heidelberg wird eröffnet.

1848 Eine Konferenz südwestdeutscher Liberaler beschließt am 5. März in Heidelberg die Einberufung des Frankfurter Vorparlaments. Am 31. März tritt es in der dortigen Paulskirche zusammen.

1885 Erste Straßenbahn – zunächst mit Pferden betrieben, ab 1902 elektrifiziert.

1891 Neuenheim wird eingemeindet.

1903 Eingemeindung von Handschuhsheim.

1907 In Mauer wird der Unterkiefer des so genannten *Homo heidelbergensis* gefunden. Dieser Urmensch lebte vor rund 600 000 Jahren.

1920 Wieblingen und Kirchheim werden eingemeindet. Neu angelegt wird der Stadtteil Pfaffengrund.

1925–29 Kanalisierung des Neckars.

1926–29 Erste Heidelberger Festspiele in Anlehnung an das Salzburger Vorbild.

1927 Rohrbach wird eingemeindet.

1934–39 Reichsfestspiele unter der Schirmherrschaft von Joseph Goebbels.

1940	Deportation Heidelberger und badischer Juden in das südfranzösische Internierungslager Gurs.
1945	Heidelberg wird ohne größere Zerstörungen von amerikanischen Streitkräften eingenommen, die die Stadt am Neckar schließlich zum Hauptquartier machen.
1947	Die von deutschen Pioniereinheiten einen Tag vor Einmarsch der Amerikaner gesprengte Alte Brücke wird nach zweijähriger Bauzeit wiedereröffnet.
1955	Eröffnung des neuen Hauptbahnhofs, der alte Bahnhof mitsamt den Gleisanlagen im Stadtzentrum wird abgerissen.
1968	Die Waldparksiedlung Boxberg wird angelegt, 1975 folgt der benachbarte Stadtteil Emmertsgrund.
1975	Eingemeindung von Ziegelhausen.
1978	Fertigstellung der 1,6 km langen Fußgängerzone längs der Hauptstraße zwischen Bismarckplatz und Rathaus im Rahmen der Altstadtsanierung unter Oberbürgermeister Reinhold Zundel.
1986	Die Ruprecht-Karls-Universität feiert ihr 600. Jubiläum. Für eine Ausstellung in der Heiliggeistkirche stellt der Vatikan in Rom ausnahmsweise Teile der „Bibliotheca Palatina“ zur Verfügung.
1990	Mit Oberbürgermeisterin Beate Weber (SPD) wird zum ersten Mal eine Frau an die Spitze der Stadt gewählt.
1996	Heidelberg feiert 800 Jahre urkundliche Ersterwähnung.
2004	Die Stadt Heidelberg beantragt die Aufnahme als UNESCO-Kulturerbe.

Die Pfalgrafen bei Rhein

Konrad von Hohenstaufen:	1156–1195
Heinrich d. Ältere:	1195–1212
Heinrich II.	1212–1214

Heinrich II. verstarb ohne Erben; König Friedrich II. vergab daraufhin das Lehen an den Wittelsbacher Ludwig

Ludwig I. d. Kelheimer:	1214–1228
Otto II. d. Erlauchte:	1228–1253
Ludwig II. d. Strenge:	1253–1294
Rudolf I. d. Stammler:	1294–1319
Adolf d. Redliche:	1319–1327
Rudolf II. d. Blinde:	1329–1353

Die Kurfürsten von der Pfalz

Ruprecht I.:	1329–1390
Ruprecht II.:	1390–1398
Ruprecht III.:	1398–1410
Ludwig III.:	1410–1436
Ludwig IV.:	1436–1449
Friedrich I., d. Siegreiche:	1451–1476
Philipp d. Aufrichtige:	1476–1508
Ludwig V. d. Friedfertige:	1508–1544
Friedrich II. d. Weise:	1544–1556
Ottheinrich:	1556–1559
Friedrich III. d. Fromme:	1559–1576
Ludwig VI.:	1576–1583
Friedrich IV.	1583–1610
Friedrich V. d. Winterkönig:	1610–1623

Zwischen 1623 und 1649 verlor die Pfalz die Kurwürde an Herzog Maximilian I. von Bayern

Karl Ludwig:	1649–1680
Karl II.:	1680–1685
Philipp Wilhelm:	1685–1690
Johann Wilhelm:	1690–1716
Karl III. Philipp:	1716–1742
Carl Theodor:	1743–1799

Stadtoberhäupter seit 1701

1701–1705	Regierungsrat Neukirch
1705–1717	Leonhard Bruggen
1717–1720	Regierungsrat von Pardon
1720–1734	Regierungsrat Kubas
1734–1743	Davon von Driesch
1743–1754	Flander
1754–1756	Regierungsrat Schwaan
1756–1770	Regierungsrat Geiger
1770–1779	Regierungsrat Eßleben
1779–1789	Hofgerichtsrat Sartorius
1789–?	Regierungsrat Traiteuer
1805–1819	Daniel Mays
1819–1832	Peter Lombardino
1832–1840	Jakob Wilhelm Speyerer
1840–1845	Georg Leonhard Ritzhaupt
1845–1849	Christian Friedrich Winter
1849–1851	Jakob Wilhelm Speyerer
1851–1852	Ludwig Walz
1852–1856	Karl Michael Anderst
1857–1875	Heinrich Krausmann
1875–1884	Heinrich August Bilabel
1885–1913	Carl Wilckens
1914–1928	Ernst Walz
1928–1945	Carl Neinhaus
1945–1946	Ernst Walz jun.
1946–1952	Hugo Swart
1952–1958	Carl Neinhaus
1958–1966	Robert Weber
1966–1990	Reinhold Zundel
1990–2006	Beate Weber

Literatur

Der Schwerpunkt des Verzeichnisses liegt auf neueren Veröffentlichungen, berücksichtigt werden ausschließlich Bücher. Wer in Sachen Stadtgeschichte auf dem Laufenden bleiben möchte, dem sei vor allem das seit 1996 erscheinende Jahrbuch des Heidelberger Geschichtsvereins ans Herz gelegt. Dort finden sich zudem weitere Hinweise auf aktuelle Publikationen.

Behrends, Rolf-Heiner / Müller, Dieter: Die Befestigungen auf dem Heiligenberg bei Heidelberg, Stuttgart 2002 (Vor- und Frühgeschichtliche Befestigungen 5; Atlas Archäologischer Geländedenkmäler in Baden-Württemberg 2/5)

Benz, Richard: Heidelberg. Schicksal und Geist, Konstanz u. a. 1961

Bilhöfer, Peter: Nicht gegen Ehre und Gewissen. Friedrich V., Kurfürst von der Pfalz – der Winterkönig von Böhmen (1596–1632), Heidelberg 2004

Blum, Peter (Hg.): Geschichte der Juden in Heidelberg, Heidelberg 1996

Buselmeier, Michael (Hg.): Heidelberg-Lesebuch. Stadt-Bilder von 1800 bis heute, Frankfurt am Main 1986

Buselmeier, Michael: Literarische Führungen durch Heidelberg. Eine Stadtgeschichte im Gehen, 2. Aufl. Heidelberg 1996

Buselmeier, Karin / Harth, Dietrich / Jansen, Christian (Hgg.): Auch eine Geschichte der Universität Heidelberg, Mannheim 1985

Büttner, Stefan / Fink, Oliver: Poetisches Heidelberg. Dichter, Philosophen und Gelehrte – Wohnorte, Wirken und Werke, Jena und Berlin 2000

Cser, Andreas / Wiltschko, Stefan: Das Große Fass im Schloss Heidelberg, Neckargemünd/Dilsberg 1999

Debon, Günther: Der Weingott und die Blaue Blume. Dichter zu Gast in Heidelberg, Heidelberg 1995

Derwein, Herbert: Die Flurnamen von Heidelberg. Eine Stadtgeschichte, Heidelberg 1940

Engenhausen, Frank / Hepp, Frieder (Hgg.): Auf dem Weg zur Paulskirche. Die Heidelberger Versammlung vom 5. März 1848, Ubstadt-Weiher 1998

Fink, Oliver: Theater auf dem Schloß. Zur Geschichte der Heidelberger Festspiele, Heidelberg 1997 (Schriftenreihe des Stadtarchivs Heidelberg; Sonderveröffentlichung 9)

Fink, Oliver: „Memories vom Glück". Wie der Erinnerungsort Alt-

Heidelberg erfunden, gepflegt und bekämpft wurde, Heidelberg/Ubstadt-Weiher/Basel 2002 (Buchreihe der Stadt Heidelberg IX)

Gaukel, Inken (Red.): Traum & Wirklichkeit. Vergangenheit und Zukunft der Heidelberger Schlossruine, Stuttgart 2005

Giovannini, Norbert / Bauer, Jo-Hannes / Mumm, Hans-Martin (Hgg.): Jüdisches Leben in Heidelberg, Heidelberg 1992

Heidelberg im Mittelalter. Zusammengestellt von Annette Drees u. a., Heidelberg 1987

Hepp, Frieder: Matthaeus Merian in Heidelberg. Ansichten einer Stadt, Heidelberg 1993

Hepp, Frieder: Unterwegs in Heidelberg. Geschichte und Gegenwart einer Stadt, Heidelberg 1990

Heß, Jürgen C. u. a. (Hgg.): Heidelberg 1945, Stuttgart 1996

Kiesel, Helmuth (Hg.): Heidelberg im Gedicht. Zwölf Gedichte und Interpretationen, Frankfurt am Main und Leipzig 1996

Kolb, Johann: Heidelberg. Die Entstehung einer landesherrlichen Residenz im 14. Jahrhundert, Sigmaringen 1999 (Residenzforschung; Bd. 8)

Kohnle, Armin / Engehausen, Frank / Hepp, Frieder / Fuchs, Carl-Ludwig (Hgg.): „…so geht hervor ein' neue Zeit". Die Kurpfalz im Übergang an Baden 1803, Heidelberg/Ubstadt-Weiher/Basel 2003

Ludwig, Renate / Marzolff, Peter: Der Heiligenberg bei Heidelberg, Stuttgart 1999 (Führer zu archäologischen Denkmälern in Baden-Württemberg; Bd. 20)

Mittler, Elmar (Hg.): Heidelberg. Geschichte und Gestalt, Heidelberg 1996

Moers-Messmer, Wolfgang von: Heidelberg und seine Kurfürsten. Die große Zeit der Geschichte Heidelbergs als Haupt- und Residenzstadt der Kurpfalz, Ubstadt-Weiher 2001

Moritz, Werner (Hg.): Eine neue Gründungsurkunde für die Universität Heidelberg, Heidelberg/Ubstadt-Weiher/Basel 2005 (Archiv und Museum der Universität Heidelberg; Schriften 8)

Müller, Bernd: Architekturführer Heidelberg. Bauten um 1000–2000, Mannheim 1998 (Schriftenreihe des Stadtarchivs Heidelberg; Sonderveröffentlichung 9)

Mumm, Hans-Martin: Der Heidelberger Arbeiterverein 1848/49, Heidelberg 1988

Pape, Birgit: Kultureller Neubeginn in Heidelberg und Mannheim 1945–1949, Heidelberg 2000

Reichold, Klaus: Der Himmelsstürmer. Ottheinrich von Pfalz-Neuburg, Regensburg 2004

Reutter, Friederike: Heidelberg 1945–1949. Zur politischen Geschichte einer Stadt in der Nachkriegszeit, Heidelberg 1994 (Buchreihe der Stadt Heidelberg V)

Rödel, Volker (Red.): Schloss Heidelberg und die Pfalzgrafschaft bei Rhein bis zur Reformationszeit, 2. Aufl. Regensburg 2002 (Schätze

aus unseren Schlössern / Staatliche Schlösser und Gärten Baden-Württemberg; Bd. 7)
Roth, Anja-Maria (Bearb.): Ein Franzose in Heidelberg. Stadt und Schloss im Blick des Grafen Graimberg, Heidelberg 2004
Schaab, Meinrad: Geschichte der Kurpfalz, 2 Bde., Stuttgart 1988 ff.
Schadt, Jörg / Caroli, Michael (Hgg.): Heidelberg unterm Nationalsozialismus, Heidelberg 1985
Scharnholz, Theodor: Heidelberg und die Besatzungsmacht. Zur Entwicklung der Beziehungen zwischen einer deutschen Kommune und ihrer amerikanischen Garnison (1948/49–1955), Heidelberg/Ubstadt-Weiher/Basel 2002 (Buchreihe der Stadt Heidelberg X)
Strack, Friedrich (Hg.): Heidelberg im säkularen Umbruch. Traditionsbewußtsein und Kulturpolitik um 1800, Stuttgart 1987
Treiber, Hubert / Sauerland, Karol (Hgg.): Heidelberg im Schnittpunkt intellektueller Kreise. Zur Topographie der „geistigen Geselligkeit“ eines „Weltdorfes“: 1850–1950, Opladen 1995
Vetter, Roland: Heidelberga deleta. Heidelbergs zweite Zerstörung im Orléansschen Krieg und die französische Kampagne von 1693, Heidelberg 1989 (Schriftenreihe des Stadtarchivs Heidelberg 1)
Weber, Stefan: Das Leben des Eberhard von Kumbd. Heidelbergs Anfänge und weibliche Frömmigkeit am Mittelrhein. Neuedition – Übersetzung – Kommentar, Heidelberg 2004 (Heidelberger Veröffentlichungen zur Landesgeschichte und Landeskunde, 11)
Wolf, Peter u. a. (Hg.): Der Winterkönig Friedrich von der Pfalz. Bayern und Europa im Zeitalter des Dreißigjährigen Krieges, Stuttgart 2003
Wolgast, Eike: Die Universität Heidelberg 1386–1986, Berlin u. a. 1986

Register

Ortsregister (allgemein)

Ortsregister (Heidelberg)

Personenregister

(Angegeben sind jeweils die Lebensdaten; die Regierungsdaten der Kurfürsten finden sich im laufenden Text und auf S. 139)

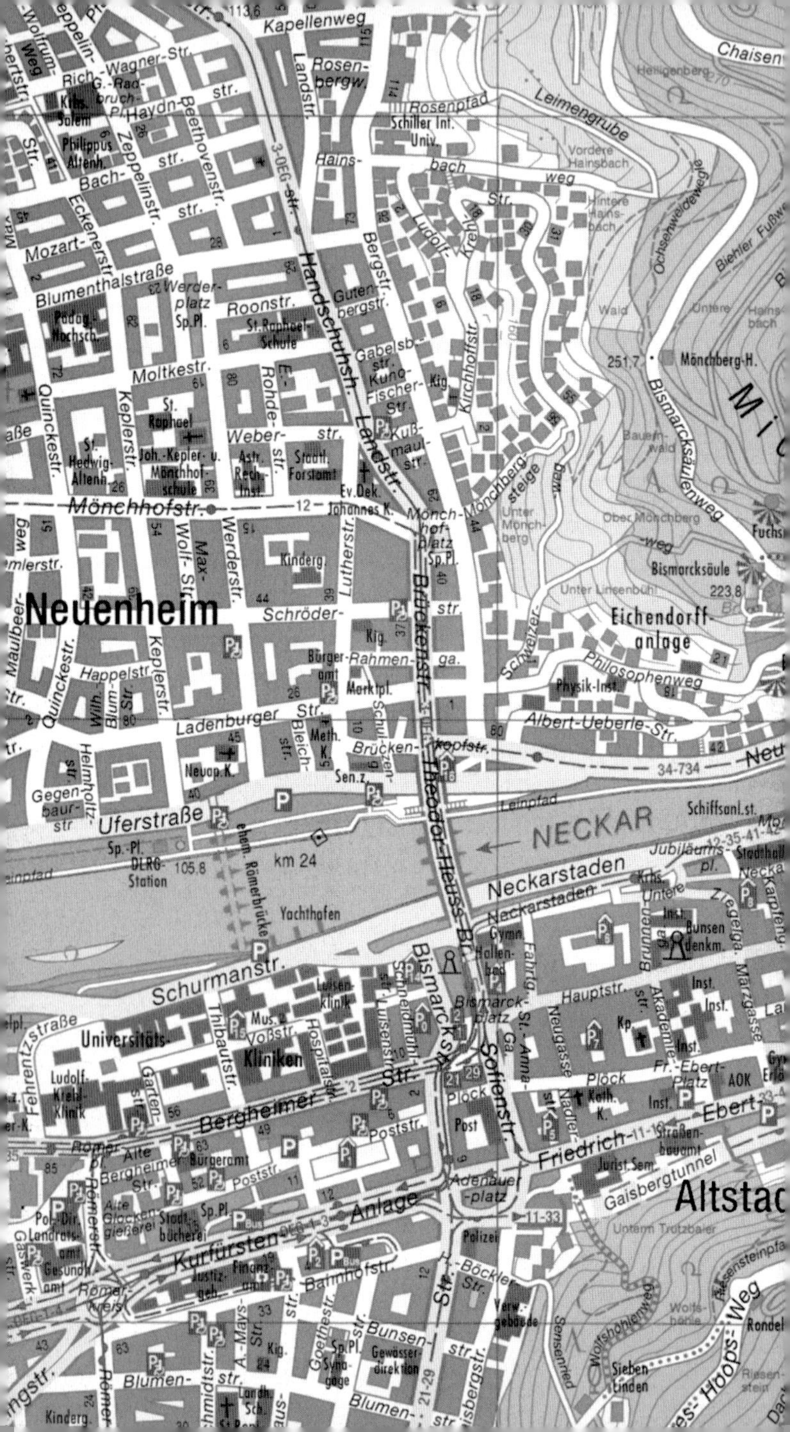

Neuenheim
Altstad
NECKAR
Kapellenweg
Rosenbergw.
Rosenpfad
Schiller Int. Univ.
Leimengrube
Chaisen
Heiligenberg
Vordere Hainsbach
Hintere Hainsbach
Hainsbachweg
Ochsenweideweg
Biehler Fußweg
Mönchberg-H.
Bismarcksäulenweg
Bismarcksäule
Fuchs
Ober Mönchberg
Unter Mönchberg
Mönchbergsteige
Eichendorff-anlage
Philosophenweg
Physik-Inst.
Albert-Ueberle-Str.
Schweizer
Unter Linsenbühl
Wald
Bauernwald
Rich.-Wagner-Str.
G.-Radbruch-Pl.
Haydnstr.
Beethovenstr.
Zeppelinstr.
Bachstr.
Mozartstr.
Eckenerstr.
Blumenthalstraße
Werderplatz
Sp.Pl.
Roonstr.
St. Raphael-Schule
Päd. Hochsch.
Philippus Altenh.
Moltkestr.
Keplerstr.
E.-Rohde-str.
Weberstr.
St. Raphael
Joh.-Kepler- u. Mönchhofschule
Astr. Rech. Inst.
Staatl. Forstamt
Ev. Dek. Johannes K.
St. Hedwig-Altenh.
Quinckestr.
Mönchhofstr.
Mönchhofplatz
Handschuhsh. Landstr.
Bergstr.
Gutenbergstr.
Gabelsbstr.
Kuno-Fischer-Str.
Kußmaulstr.
Ludolf-Krehl-Str.
Kirchhofstr.
Kig.
Max-Wolf-Str.
Werderstr.
Lutherstr.
Kinderg.
Brückenstr.
Schröderstr.
Rahmenga.
Bürgeramt
Marktpl.
Happelstr.
Wilh.-Blum-Str.
Ladenburger Str.
Bleichstr.
Meth. K.
Schulzeng.
Brückenkopfstr.
Neuap. K.
Sen.z.
Helmholtzstr.
Gegenbaurstr
Uferstraße
Leinpfad
Theodor-Heuss-Br.
Schiffsanl.st.
Sp.-Pl.
DLRG-Station
ehem. Römerbrücke
km 24
Yachthafen
Jubiläumspl.
Neckarstaden
Untere Neckarstr.
Ziegelga.
Bunsendenkm.
Schurmanstr.
Luisenklinik
Gymn.
Hallenbad
Fahrtg.
Brunnenga.
Marzgasse
Universitäts-Kliniken
Mus. u. Voßstr.
Thibautstr.
Hospitalstr.
Luisenstr.
Schneidmühlstr.
Bismarckplatz
Sofienstr.
St.-Anna-Ga.
Neugasse
Hauptstr.
Akademiestr.
Kp.
Inst.
Fehrentzstraße
Ludolf-Krehl-Klinik
Gartenstr.
Bergheimer Str.
Plöck
Kath. K.
Nadlerstr.
Fr.-Ebert-Platz
AOK
Friedrich-Ebert-Anlage
Straßenbauamt
Jurist.Sem.
Gaisbergtunnel
Post
Poststr.
Alte Bergheimer Str.
Bürgeramt
Römerstr.
Alte Glockengießerei
Stadtbücherei
Adenauerplatz
Kurfürsten-Anlage
Polizei
Pol.-Dir. Landratsamt
Gesundh.amt
Justizgeb.
Finanzamt
Bahnhofstr.
Römerkreis
Gaswerkstr.
H.-Böckler-Str.
Verw. gebäude
Wolfshöhlenweg
Riesensteinpfad
Wolfshöhle
Rondel
Sieben Linden
Hoops-Weg
Unterm Trotzbaier
Bunsenstr.
Blumenstr.
Kig.
Sp.Pl. Synagoge
Gewässerdirektion
A.-Mays-Str.
Goethestr.
Landh. Sch.
Kinderg.
Rohrbacher

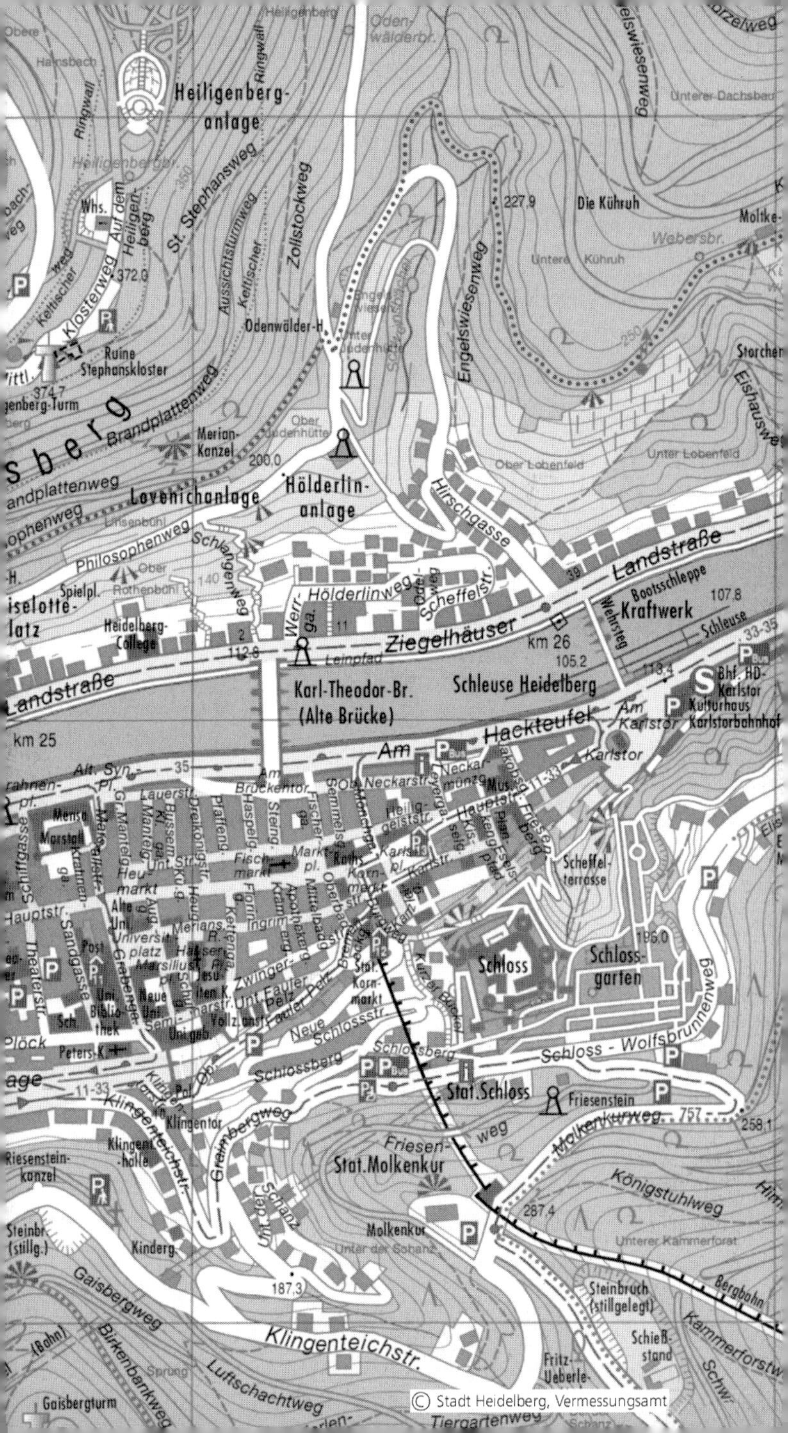
Heiligenberg-anlage
Ringwall
St. Stephansweg
Zollstockweg
Aussichtsturmweg
Klosterweg
Whs.
372,0
Ruine Stephanskloster
374,7
Brandplattenweg
Merian-Kanzel
200,0
Lovenichanlage
Hölderlin-anlage
Odenwälder-H.
Engelswiesenweg
227,9
Die Kühruh
Webersbr.
Untere Kühruh
Unterer Dachsbau
Ober Lobenfeld
Unter Lobenfeld
Hirschgasse
Philosophenweg
Schlangenweg
Spielpl.
Heidelberg-College
Hölderlinweg
Scheffelstr.
Landstraße
Bootsschleppe
Kraftwerk
107,8
Schleuse
Wehrsteg
Ziegelhäuser
km 26
105,2
Leinpfad
112,8
Landstraße
Karl-Theodor-Br.
(Alte Brücke)
Schleuse Heidelberg
km 25
Am Hackteufel
Am Karlstor
Karlstor
Bhf. HD-Karlstor
Kulturhaus Karlstorbahnhof
Alt. Syn. Pl.
Am Brückentor
Mensa
Marstall
Schiffgasse
Hauptstr.
Heumarkt
Alte Uni.
Universitätsplatz
Fischmarkt
Marktpl.
Karlspl.
Kornmarkt
Mittelbadg.
Ingrimstr.
Sandgasse
Theaterstr.
Grabengasse
Post
Uni Bibliothek
Neue Uni.
Zwingerstr.
Unt. Fauler Pelz
Neue Schlossstr.
Schlossberg
Stat. Kornmarkt
Scheffelterrasse
Schloss
Schlossgarten
196,0
Schloss - Wolfsbrunnenweg
Stat. Schloss
Friesenstein
Molkenkurweg
757
258,1
Friesenweg
Stat. Molkenkur
Königstuhlweg
287,4
Molkenkur
Unter der Schanz
Unterer Kammerforst
Plöck
Peters-K.
Klingentor
Klingenteichstr.
Graimbergweg
Riesensteinkanzel
Klingenteichhalle
Steinbr. (stillg.)
Kinderg.
187,3
Gaisbergweg
Birkenbankweg
Luftschachtweg
Gaisbergturm
Tiergartenweg
Steinbruch (stillgelegt)
Schießstand
Fritz-Ueberle-
Bergbahn
Kammerforstweg
Storchen
Eishausweg
Moltke-
250
140

Internetadressen

www.heidelberg.de (Stadt Heidelberg)
www.heidelberg.de/suchen/aemter/sr11.htm (Stadtarchiv)
www.heidelberg.de/museum (Kurpfälzisches Museum)
www.stadtbuecherei-heidelberg.bib-bw.de (Stadtbibliothek)
www.haidelberg.de (Geschichtsverein)
www.uni-heidelberg.de (Ruprecht-Karls-Universität)
www.ub.uni-heidelberg.de (Universitätsbibliothek)
www.fpi.uni-hd.de (Institut für fränkisch-pfälzische Geschichte und Landeskunde)
www.sino.uni-heidelberg.de/students/tjuelch (Studentisches Projekt zur Geschichte der Stadt)
www.kurpfalz-geschichte.de (Virtual Library – Geschichte der Kurpfalz)
www.heidelberger-gaestefuehrer.de (Heidelberger Gästeführer e.V.)
www.cvb-heidelberg.de (Kongress- und Tourismus GmbH)
www.rnz.de (Rhein-Neckar-Zeitung)

Bildnachweis

Autor: S. 63, 83, 103, 108
Badisches Landesmuseum Karlsruhe: S. 11
Bayerisches Nationalmuseum, München: S. 35
Fink, Carsten, Genf: S. 38
Generallandesarchiv Karlsruhe: S. 21 (Sign. 67/1302)
Kurpfälzisches Museum der Stadt Heidelberg: S. 12, 15, 23, 41, 52/53, 57, 60/61, 80, 86, 92, 96
Lossen Foto, Heidelberg: S. 17, 110, 117, 124, 130, 131
Stadtarchiv Heidelberg: S. 51, 75, 115, 120
Ruprecht-Karls-Universität Heidelberg: S. 66, 126/127, 133
Universitätsbibliothek Heidelberg: S. 65 (Foto: T. Gibson), 89
Württembergische Landesbibliothek, Stuttgart: S. 25 (inc. fol. 4081), 45 (Ra 16 Rue 1)
Kartographie: Stefan Krabichler, Schernfeld: S. 26 (nach einer Vorlage aus: Schaab, Meinrad, Geschichte der Kurpfalz, Band 1, Stuttgart 1988), 107
Stadtplan: © Stadt Heidelberg, Vermessungsamt